REINHARD BRAMMER
Gerichtstraße 40
22765 HAMBURG
Telefon 040 / 38 23 75

Ingrid Riedel
Träume – Wegweiser in neue Lebensphasen

Ingrid Riedel

TRÄUME

Wegweiser in neue Lebensphasen

Kreuz

Inhalt

Vorwort

Wenn eine Frau, ein Mann ihre Träume wichtig genug nehmen, um sie aufzuschreiben, vielleicht sogar ein Traumtagebuch führen, dann pflegen sie ihren Träumen meistens ein Datum beizufügen, damit sie später noch wissen, nach welchem Tag, in welcher Nacht sie sie geträumt haben. Dadurch lassen sich die Träume mit den jeweiligen Ereignissen des Vortages oder auch des nachfolgenden Tages in Beziehung setzen. Wie Traumvergleiche zeigen, gibt es tatsächlich solche Beziehungen, hierauf beruht überhaupt die Bedeutung der Träume. Ihre Bedeutung beschränkt sich natürlich nicht auf den Tag davor und danach und ist nicht nur die Erhellung des vorhergehenden und auch nicht nur Wegweisung für den kommenden Tag – dies natürlich auch –, sondern Träume dienen, wie alle, die Traumtagebücher führen, bezeugen, auf der rückblickenden Durchleuchtung ganzer Lebensabschnitte und der vorausahnenden Anstrahlung, ja dem Entwurf künftiger Lebensphasen. Aus dieser Einsicht heraus, die sich dem Vergleich ganzer Traumserien verdankt, ist auch die gute Gepflogenheit entstanden, Träume, die man veröffentlichen möchte, nie ohne Altersangabe des Träumers und seines Geschlechts hinausgehen zu lassen. Das beruht auf der Erfahrung, dass die emotionale Stimmung von Träumen, ihre Thematik und Problematik sehr viel mit der jeweiligen Lebensstufe des Träumers, der Träumerin zu tun haben und dass sich die Träume, werden sie an den Schwellen der jeweiligen Lebensalter geträumt, darüber hinaus oft schon auf das beziehen lassen, was in der neuen Lebensphase auf den Träumer, die Träumerin zukommen wird. Vielfach werden Träume hierbei zu echten Wegweisern.

Aus der Beobachtung, wie viel die jeweilige Altersstufe der Träumer mit der Art und Botschaft ihrer Träume zu tun hat, ist die Idee entstanden, einmal dem nachzugehen, was Frauen und Männer beim Übergang von ihren Zwanzigern in die dreißiger Jahre, von den Dreißigern in die Vierziger, in die Fünfziger und so fort träumen, und dabei zu erkennen, ob sich in den Übergangskrisen in kommende Phasen auch mögliche neue Lebenschancen entwickeln lassen. In Gesprächen habe ich oft festgestellt, dass allein die Idee, in Träumen Orientierung über Künftiges zu finden, den Träumern Mut machte für die kommende Lebensphase und in ihnen die Bereitschaft weckte, die darin liegenden Chancen auszukundschaften. Ich hoffe, mein Versuch regt dazu an, entsprechende Erfahrungen und Überlegungen für sich selbst nachzuvollziehen.

Sehr herzlich danken möchte ich an dieser Stelle den Männern und Frauen, die mir für dieses Buch großzügig Traummaterial aus verschiedenen Lebensstufen zur Verfügung gestellt haben. Mein Dank gilt auch Verena Kast für ihre Zustimmung, dass ich einige der Träume, die sie veröffentlicht hat, unter der Perspektive der Lebensübergänge noch einmal neu beleuchte.

Konstanz, im November 1996   *Ingrid Riedel*

Der Lebensfahrplan

Ob es wohl so etwas wie eine Wanderkarte für unsere Lebenslandschaft gibt, ein Wege- und Straßennetz gleichsam mit gewissen Hinweisschildern, mit Wegweisern? Vielleicht sogar so etwas wie einen Fahrplan? – Tröstlich wäre es ja.

Bahnträume: Wie wir unsere Züge bekommen

Die überaus zahlreichen Träume von Eisenbahnzügen, die von den unterschiedlichsten Menschen berichtet werden und für die es typisch ist, dass man darin die Züge, um die es geht, nur noch mit Mühe oder gar nicht mehr bekommt, sprechen dafür, dass es einen solchen Fahrplan gibt, und sie sprechen zugleich dafür, wie wichtig es ist, dass wir die Wegstrecken samt den Entwicklungsaufgaben, die sie uns stellen, auch befahren, um die entsprechenden Entwicklungsziele zu erreichen. Nach Erik Erikson kommen zwar versäumte Züge zumindest einmal im Leben noch einmal vorbei, die meisten sogar mehrmals, so dass wir eine Entwicklungsaufgabe, die wir in der dafür vorgesehenen Phase nicht lösen konnten, noch einmal angehen können. Das Problem besteht nur darin, dass sie dann zu den Aufgaben einer neuen Phase hinzukommt und die Lebensreise dadurch als ganze komplizierter wird.

Unser Leben verläuft in großen Phasen – Kindheit, Adoleszenz, frühes, mittleres und spätes Erwachsenenalter, hohes Alter – in Übergängen, die wir, wenn möglich, bewusst erleben sollten, indem wir uns Zeit für sie nehmen.

Früher ließ man einen Acker, nachdem er Frucht getragen hatte, eine Zeitlang brach liegen, damit er sich in aller Stille regenerieren konnte. Und in alten Kulturen pflegte man die Schwelle in ein neues Lebensalter mit Scheu, Ehrfurcht und in ausgedehnten Ritualen zu überschreiten.

Am Beispiel einiger Träume von Bahnreisen möchte ich bedenken, inwiefern gerade in als krisenhaft erlebten Übergängen von einer Lebensstation zur anderen Träume so etwas wie Orientierungshilfen sein können.

Überflüssiges Lebensgepäck

Eine Frau, 36-jährig, Mutter einer drei Monate alten Tochter, träumt, sie reise in einem Zug, furchtbar schwer beladen mit eigenem Gepäck, mit dem Säugling und auch noch mit fremdem Gepäck, das sie für jemand anderen mit befördert. Als sie aussteigen muss, kann sie nicht alles rechtzeitig aus dem Zug bringen, bevor er weiterfährt. Ihr Kind und einen Teil des eigenen Gepäcks hat sie herausgeholt, ehe der Zug wieder anrollt, ein anderer Teil des eigenen Gepäcks, vor allem aber das gesamte fremde Gepäck fährt weiter.

Der Traum erschreckt sie zunächst. Wie soll sie es verantworten, dass das fremde Gepäck allein weiterreist?

Versuchen wir, dennoch das Wegweisende in diesem Traum zu erkennen. Gerade weil er so unbefriedigend endet, fordert er die Träumerin zum Nachdenken und zum Umdenken heraus. Er zeigt ihr schon auf den ersten Blick, wie sehr sie sich überladen hat – mit eigenem und mit fremdem Gepäck. Im Gespräch über den Traum ergibt sich, dass ein Teil des eigenen Gepäcks die Seminarveranstaltungen sind, die sie selber zu leiten hätte, die sie aber wegen der damit verbundenen Trennung von ihrem Baby, das sie alle zwei Stunden stillt, jetzt noch nicht wieder übernehmen will. Der Traum macht ihr das klar und hilft ihr zu der Entscheidung, eine Verlängerung ihres Mutterschaftsurlaubs zu beantragen. (In der Schweiz, wo die Träumerin lebt, ist er nur knapp bemessen.) Dieser sehr verantwortungsbewussten Frau musste der Traum erst klarmachen, dass sie ein Recht zu einem solchen Antrag hatte.

Zu dem zusätzlichen fremden Gepäck fielen der Träumerin die Probleme ihrer alten Mutter ein, mit denen sie sich selbst stark beladen hatte. Die alte Mutter wollte aus Geldnot die Werkstatt ihres verstorbenen Mannes verkaufen, konnte sich aber nur schwer gegen die Ansprüche eines ihrer Söhne abgrenzen – eine Angelegenheit, in die sich die Träumerin als Beschützerin ihrer alten Mutter gegen den Bruder allzu sehr hatte verwickeln lassen. Zusätzlich belasteten sie die Probleme einer Freundin, von der sie ständig als Beraterin in deren Ehekrise in Anspruch genommen wurde. – Mit all diesem fremden Gepäck könne und dürfe sie sich jetzt, da sie doch ein Baby hat, nicht allzu sehr belasten, sagte der Traum. Er machte ihr, der sehr hilfsbereiten Frau, Mut, sich erst einmal um ihr Kind zu kümmern, das ihr sehr viel bedeutete, und das Übrige weiter fahren, ja, fahren zu lassen.

Der unerlaubte Transit nach drüben

Eine junge Frau, 26 Jahre alt, die ihren Partner sehr plötzlich verloren hat, träumt, sie fahre mit ihm im selben Zug. Als der Zug jedoch die Grenze erreicht, wird sie von den Grenzbeamten dringlichst aufgefordert, auszusteigen.

Der Traum sagt ihr unmissverständlich, dass sie den Transit noch nicht überschreiten, dem Freund nicht nachreisen darf. In den Grenzbeamten, die ihr das verbie-

ten, erkennt sie beim Nachdenken eigene Gewissensinstan-
zen, die ihr bewusst machen, wie stark die Impulse in ihr
sind, dem Partner nachzusterben. Das ist ihr nicht erlaubt,
sie muss ihnen widerstehen. Diesen Traum hätte sie wohl
nicht geträumt, wenn ihr die heimliche Sehnsucht, dem
Freund nachzusterben, ein suizidaler Impuls, bewusst gewesen wäre. Er machte ihr diese Tendenzen deutlich und
half ihr damit, sich dagegen zu schützen.

Unterwegs zum Ruhsitz

Ein 52-jähriger Mann hetzt sich im Traum bis zur Er-
schöpfung ab, um bestimmte Züge zu bekommen, Busse,
Taxis. Er versäumt sie alle, verfährt sich, auch sein Funkte-
lefon versagt, bis er schließlich – er ist nun mit dem Fahrrad unterwegs – an eine Wegkreuzung kommt, an der er auf
ein groß geschriebenes Hinweisschild stößt: »Nach Ruh-
sitz«.

In den Ruhestand soll er mit seinen 52 Jahren wohl noch
nicht eintreten, doch sagt der Traum ihm unüberhörbar,
dass es für ihn darum geht, aus einem hektisch gewordenen,
allzu extravertierten Lebensstil herauszukommen und damit aus dem Versuch, die fällige Entwicklungsaufgabe
durch beschleunigte Bemühungen und Beförderungsmittel
technischer Art zu erledigen. Statt dessen empfiehlt ihm der
Traum das Fahrrad, auf dem er sich aus eigener Kraft und
nach dem eigenen inneren Zeittakt fortbewegen kann, und
zwar in Richtung eines Ruhesitzes. Das muss nicht unbedingt heißen, dass er sich auf seinen Ruhestand vorbereiten
soll, wohl aber, dass er innerlich zu einem Ruhesitz finden
muss, um sich überhaupt erst einmal über den inneren und
wohl auch äußeren beruflichen Standort klar zu werden,
der ihm im Übergang vom mittleren ins späte Erwachse-

nenalter zugewiesen ist. Erst diese Standortbestimmung im
Lebensfahrplan könnte ihn befähigen, die Prioritäten zu
setzen, die er für die kommende Lebensphase braucht.
Vielleicht geht es auch darum, einmal ins Auge zu fassen,
was seinem Leben auch dann noch Sinn und Wert geben
könnte, wenn die Zeit der Berufsarbeit beendet ist.

Ein etwa gleichaltriger Mann entdeckte in den Jahren
jenseits der Fünfzig die Beziehung zu einer Frau wieder –
als einen Wert, der auch über die Zeit des Berufes hinaus
Gültigkeit behalten würde, und er begann, an dieser Beziehung und ihrer tieferen Erfüllung energisch zu arbeiten.

Türen, die sich vor einem schließen

Eine 61-jährige Frau träumt: »In allerletzter Minute gelingt
es mir, einen ICE-Zug zu erreichen. Ich springe auf, wie ich
in meiner Jugend oft auf die Trittbretter der eben anfahren-
den Züge aufgesprungen bin. Doch bei diesen modernen
Zügen schließen sich die Türen automatisch. So klebe ich
draußen am Zug, als er eben anfährt, halte mich kramphaft
fest und bin bange, wie lange ich mich wohl werde festhalten können ...«

Ein Traum, der besagt, dass sie für diesen Zug eigentlich
zu spät dran ist. Auf was sie aufspringt, ist nicht mehr der
Zug ihrer Jugend in der Nachkriegszeit mit Trittbrettern
und Plattformen. Man ging damals nachsichtiger als heute
mit zu spät Gekommenen um; manchmal gab der Zugfüh-
rer sogar noch ein paar Sekunden zu, ehe er zur Abfahrt
pfiff, wenn jemand außer Atem ankam, der noch mitfahren
wollte. Regionalzüge sind auch heute noch so, nicht aber
Fernschnellzüge. Die Träumerin muss an diesem Traum erkennen, dass die Zeit fortgeschritten ist – sie ist 61 Jahre alt.
Lebenszüge, die sehr weit hinausfahren, sind superschnell,

dafür ist sie »zu spät« dran. Gewisse weitreichende Pläne wird sie opfern müssen. Jetzt noch aufzuspringen wäre lebensgefährlich, mehr noch: Der Traum zeigt ihr die ernsthafte Gefahr für Leib und Leben, die daraus entstehen kann, dass sie sich noch immer krampfhaft an einem Zug festhält, dessen Türen sich bereits vor ihr verschlossen haben. Die Situation ist unhaltbar. Die aufgeschreckte Träumerin muss sich überlegen, was diesem krampfhaften Sich-Festklammern an einem fahrenden Zug mit verschlossenen Türen entspricht. Sie muss loslassen lernen.

Lebensübergänge haben trotz der vorgegebenen Phasen auch einen je individuellen Rhythmus und lassen sich nur ungefähr in Jahren angeben. Aber sie kündigen sich an. Typisch für einen anstehenden Phasenwechsel ist wachsende Unzufriedenheit mit sich selbst und mit den Umständen. In solchen Zeiten spüren wir immer genauer, was uns zu einem wirklich erfüllten Leben fehlt – eine Bilanzierung, die sich gelegentlich zur massiven Abwertung der jetzigen Lebenssituation steigern kann. In dieser Zeit der Entwertung des Bisherigen kann es zu einer depressiven Verstimmung kommen, bis wir, wenn auch unter Trauer, schließlich erkennen, was sich nicht länger halten lässt und wovon wir uns verabschieden sollten. Eine solche Verstimmung, aus der sich nur allmählich Phantasien von etwas Neuem abheben, sollten wir keinesfalls überspringen. Rufen wir uns in dieser Phase vielmehr noch einmal ins Bewusstsein, was bisher unser Leben ausgemacht hat, aber auch das, was fehlte und jetzt vielleicht ins Leben hereingeholt werden kann.

In dem Gefühl, an eine Grenze zu stoßen und im Umbruch begriffen zu sein, bilden sich allmählich auch neue Wertvorstellungen heraus, die unter Umständen noch für längere Zeit von alten Werten bekämpft werden, mit denen wir so lange gelebt haben.

Das Pferd in der Diele

Eine Frau Anfang vierzig, die mitten in einem beruflichen Umbruch war, träumte von einem kraftvollen Pferd, das plötzlich mitten in der Diele zwischen den Umzugskisten erschien. Ungeduldig und dringlich verlangte es nach frischer Luft und Bewegung im Freien, auch wenn es zuvor noch tausenderlei scheinbar Dringlicheres zu erledigen galt, zum Beispiel die Schwiegereltern hereinzubitten, die eben unter der Tür auftauchten.

Das Pferd stand für die ursprüngliche Lebensenergie dieser Frau, für ihren Freiheitswillen und ihre Autonomie, die als neue Wertvorstellung wieder in ihr zu eng gewordenes Leben drängte. Im Traum entschied sie sich dafür, als Erstes das Pferd ins Freie zu führen, und überließ die Umzugskisten samt den Schwiegereltern zunächst einmal sich selbst.

Krisen und Chancen des Übergangs

In Übergangzeiten erleben wir uns wie ein Haus im Umbau, träumen auch von solchen Häuserbaustellen oder von Umzügen, sind uns unserer Identität unsicher und wissen nicht mehr, ob wir das, was wir sein wollen, noch sein können. In solchen Umbruchzeiten sind wir in vielerlei Hinsicht krisenanfällig. Altbekannte psychische und somatische Störungen können plötzlich wieder akut werden, Komplexe, die wir glaubten überwunden zu haben, brechen noch einmal auf. Damit kommt der »Zug«, den wir in einer früheren Lebensphase vielleicht versäumt hatten, tatsächlich noch einmal vorbei, zugleich aber auch beladen mit unseren immer noch ungelösten Problemen. Gewiss erschreckt es uns, wenn wir zunächst noch einmal in alte Beziehungsschwierigkeiten und Krankheiten zurückfallen, doch angesichts dieses noch einmal vorbeikommenden Zuges besteht auch die Chance, eine der Entwicklungsaufgaben, die wir bis jetzt noch nicht optimal haben meistern können, erneut anzugehen.

Übergänge sind wie Schwangerschaften, nicht leicht durchzustehen. In jedem Fall aber sind es Zeiten, in denen uns ein intensiver Kontakt mit uns selbst gut tut, Zeiten, die uns in die Introversion rufen. Frühere Kulturen sahen vor allem für den Eintritt in die Pubertät Rückzugsmöglichkeiten und entsprechende Übergangsrituale vor. Die jungen Siouxindianer wurden beim Eintritt ins Erwachsenenalter in die Einsamkeit geschickt, auf die Suche nach einer Vision für ihr Leben. Für mehrere Tage oder länger blieben sie in der Wildnis. Auch die Mädchen wurden um die Zeit ihrer Reifung von ihrer Familie abgesondert, in Waldhütten oder andere einsame Orte gebracht, wo sie unter der Anleitung älterer Frauen in den Umgang mit den physischen und psychischen Wandlungsvorgängen zur Frau vertraut gemacht wurden. Keine der alten Stammeskulturen überließ in diesem dramatischen Übergangsstadium die jungen Frauen und Männer sich selbst.

Für die schwierige Ablösung zwischen der Mutter und dem herangewachsenen Kind, insbesondere für die Ablösung von der Tochter, wurde in Griechenland während der Eleusinischen Mysterien, die einen einzigen großen Übergangsweg darstellten, das Ritual eines neuntägigen und neunnächtigen Pilgerwegs begangen, das schließlich in einer liturgischen Feier gipfelte, die sich mit einer christlichen Osternachtsfeier vergleichen lässt. Dabei wurde die Neugeburt des Kornes, die Neugeburt eines Kindes für Tochter und Mutter gefeiert. Die Tochter wurde zur Mutter, damit auch die Mutter neu zur Mutter, nun Großmutter wurde, und damit begann für beide Frauen auch eine neue Phase ihrer Beziehung zueinander.[1]

Die Schwellen zu neuen Lebensphasen sind gefährliche Übergänge für die Psyche. Dafür bietet die Gesellschaft heute allenfalls ein wenig Beratung an, die aber weit entfernt ist von der Intensität und Wandlungskraft, die den Eleusinischen Mysterien eigen gewesen sein müssen. Denn sie stellten eine liturgisch-rituelle Begehung dar, die in einem überwältigenden Lichterlebnis mündete, vorbereitet durch das schweigende Betrachten einer reifen Ähre, die, emporgehalten wie eine Monstranz, Zeichen sein sollte für die Fruchtbarkeit des Lebens durch alle Wandlungen hindurch. Nach dem Durchgang durch das Dunkel des Beraubtseins – Hades, der Unterweltsgott, das im Mädchenalter einbrechende Männliche, hatte der Korn- und Lebensgöttin Demeter Persephone, ihre Tochter, entführt – traten in diesem Mythus und dem zugehörigen Ritus Hades, Mutter und Tochter einander schließlich als Gleichwertige gegenüber.

Übergangsrituale sind notwendig, vor allem am Lebensende, wo für die Sterbenden der große Transitus ansteht. Und für die Überlebenden und ihren Trauerprozess sind sie nicht minder wichtig. 49 Tage und Nächte lang stand im alten Tibet der Hinterbliebene mit Gebeten und Gedanken dem Verstorbenen bei, damit er sich hinüberbewegen könne in jene andere Welt und nicht mehr zurückgezogen würde in die irdische Existenz. So half er dem Verstorbenen, sich von den irdischen Bindungen zu lösen, und damit auch sich selber, den Verstorbenen an seine neue Existenz freizugeben.

Dieses Freigeben als Notwendigkeit für die eigen Seele und als Wunsch des Verstorbenen spiegelt sich in dem Traum einer 80-Jährigen nach dem Tod einer ihr sehr lieben jüngeren Freundin, die viel gemalt hatte: In allen Farben, vor allem aber im Regenbogen, werde sie ihr künftig wieder begegnen. Hier taucht das große Versöhnungsmotiv auf vom Ende der Sintflut, der so vieles zum Opfer gefallen war. Dieser Traum ermöglichte der Trauernden nach dem Schock des Verlustes eine erste Versöhnung mit dem Geschehenen.

Haus-Träume: Wie wir unser Leben bewohnen

Übergangsriten sind unentbehrlich bei allen kleineren und größeren Wechselfällen des Daseins, zum Beispiel bei Umzügen, die große seelische Erschütterungen mit sich bringen können. Innerlich nicht vollzogene Übergänge in neue Wohn- und Lebenssituationen zeigen sich oft darin, dass wir von alten Wohnungen träumen, Wohnungen, die oft in einem unhaltbaren Zustand sind, mit bröckelnden Wänden und nicht mehr schließenden Türen. So träumte eine Frau in der Lebensmitte immer wieder von einem von ihr seit Jahrzehnten nicht mehr bewohnten Appartement in einem Hochhaus, und bei starkem Wind bog sich das Hochhaus wie ein zerzauster Baum. Es war Zeit für sie, die innere Bindung an jene Lebensphase, während der sie in jenem Appartement gelebt hatte, loszulassen. Das nicht Bewältigte, noch immer Mitgeschleppte jener Zeit spiegelte sich in diesem immer wiederkehrenden Traum. Die Wahl des Hochhausmotivs weist außerdem oft darauf hin, dass in der Lebensphase, zu der diese Hochhauswohnung gehört, etwas sehr hoch hinaus wollte, vielleicht war es auch etwas abgehoben und realitätsfremd.

Vom Hochhaus zurück auf die Erde

Eine Frau Mitte dreißig war außerordentlich überrascht, als sie im Traum auf der obersten Hochhausplattform ein

Pferd stehen sah, das sich plötzlich von der Plattform löste
und mit einem tollkühnen Sprung auf der Erde landete, bis
zum Bauch einsinkend in weiche Gartenerde, doch unverletzt.

Ihr »Pferd«, ihre Vitalität, ihr Körper, wohl auch ihre Sexualität waren in den zuvor vergangenen Jahren hinauf in
diese abgehobene Höhe geraten, hatten sich gleichsam ver-
stiegen und vom wirklichen Leben entfernt. Nun löste sich
dieses Pferd spontan und sprang hinab, dorthin, wo es wieder echten Boden, Gartenerde unter die Hufe bekam und
wo etwas wachsen konnte. Die Träumerin konnte sich
nicht genug darüber wundern, dass das Pferd einen solchen
Sprung gewagt hatte und noch dazu heil geblieben war.
Darin zeigte sich die innere Notwendigkeit dieses Ab-
sprungs.

Verstorbene gleich nebenan

Eine 61-Jährige träumte von einer verwahrlosten Wohnung
aus einer viel früheren Lebensphase, in der sie im Traum
auch jetzt noch lebte. Ihr zunächst vages Unbehagen wich
Entsetzen, als sie zufällig bemerkte, dass ihre Vermieterin
in den Nebenräumen deren verstorbene Eltern in einbalsa-
miertem Zustand aufbewahrte.

In Gestalt ihrer Vermieterin zeigte der Traum ihr die eigene Unfähigkeit, sich von den verstorbenen Eltern, vom
Elternhaus zu lösen. Der Traum mit dem Entsetzen angesichts der einbalsamierten Leichen samt dem Impuls, un-
verzüglich aus dieser Wohnung auszuziehen, ließ sie erkennen, wie sehr die »unbegrabenen« Eltern ihren Lebens-
raum, ihr Lebensgefühl belastet hatten. Er gab ihr den entscheidenden Anstoß zu einer endgültigen Ablösung von
den Elternkomplexen. Sie fand ein äußerliches Ritual,

indem sie ihre heutige Wohnung mit duftenden Kräutern und Essenzen ausräucherte, und griff damit ein altes Totenritual auf. Dabei spürte sie, wie sich etwas von ihren Elternkomplexen auflöste und sie freizuwerden begann.

Neue Übergangsriten

Übergangsriten sind erst recht notwendig bei schmerzlichen Verlusten, zum Beispiel dem Verlust von Arbeitsstellen, die heute so oft »wegrationalisiert« werden, so dass der Betreffende womöglich umschulen muss. Gerade auch bei den heute vielfach unfreiwilligen Umzügen, zu denen viele gezwungen sind, um an anderen Orten Arbeit zu finden – auch die Lebensthematik der sogenannten Wirtschaftsflüchtlinge gehört hierher – wären klare Abschiedsrituale in der alten und Ankunftsrituale in der neuen Umgebung hilfreich, um die Entwurzelung zu bewältigen.

Von einem geglückten Übergangsritual bei einem turnusmäßigen Stellenwechsel möchte ich berichten, weil es lohnend ist, sich für solche Lebensübergänge neue Formen einfallen zu lassen und sie auch wirklich zu begehen. Der Mitarbeiter- und Freundeskreis gestaltete für einen Studienleiter in der Erwachsenenbildung, der gemäß einem Rotationsverfahren seine Stelle nach fünf Jahren fruchtbarer Arbeit verlassen musste, ein spontanes Ritual. Da der Abschied auf das traditionsreiche Fastnachtswochenende fiel, wurde es ein Ritual mit Masken:

Um Mitternacht, als seine Zeit abgelaufen war, schlugen wir auf Trommeln und Schellen, um die Stunde anzuzeigen, die »es geschlagen« hatte, während der bisherige Leiter, der eine von seinen Freunden gestaltete Königsmaske trug, von seinem »Thron« herabstieg. Der Thron hatte die Gestalt einer Stehleiter und verkörperte ebenso anschaulich wie

ironisch das Leiter-Prinzip. Unten angekommen legte er
die Maske ab und damit auch seine bisherige Rolle. Er
wurde zu einem nahe gelegenen Brunnen begleitet, wo er
die Stufen zur Quelle hinunterstieg und einen frischen
Trank gereicht bekam. Als er wieder emporgestiegen war,
wurde ihm zu Ehren ein bunter, von innen leuchtender
Heißluftballon losgelassen, der die guten Wünsche aller in
die Nacht hinein und damit in die offene Zukunft trug.

Die für ihn in diesem Übergang, im »Herabsteigen vom
Thron« zeitweilig verloren gegangene Identität wurde
durch seinen Gang zur Quelle, zum »Gesundbrunnen« (so
heißt jene Quelle wirklich) neu begründet und durch den
Ballon, erfüllt mit neuen Phantasien und Plänen, in die Zukunft hinein entworfen.

Das Besondere an diesem Ritual war, dass sich seine Gestaltung spontan ergeben hatte. In solchen Momenten zeigt
sich, dass unsere Psyche von symbolischen Formen und
Übergängen »weiß«, als seien sie ihr eingestiftet. Wir hatten
durchaus etwas geplant, um diesen Abschied zu gestalten,
aber das war ganz anders gewesen. Die Dynamik der
Gruppe und das innere Gesetz der Psyche, die solche Symbole des Übergangs kennt, haben wie von selbst diese rituelle Form gefunden und Gestalt werden lassen.

Aufgrund dieser und ähnlicher Erfahrungen möchte ich
ausdrücklich dazu ermutigen, solche neuen Rituale zu suchen und zu finden, wann immer uns derartig unvorherge-
sehene und bittere Abschiede treffen. Es liegt den Ritualen
die gleiche Fähigkeit zur Symbolisierung zugrunde, die
auch die Träume entstehen lässt, Träume, die oft so etwas
wie durchlebte Rituale darstellen oder zumindest wie Par-
tituren oder Rollentexte für Rituale sind. C. G. Jung spricht
in diesem Zusammenhang von der symbolschaffenden, der
»transzendenten Funktion«[2] der Psyche, womit er ihre
staunenswerte Fähigkeit meint, unvereinbar scheinende

Gegensätze wie zum Beispiel die bisherigen und die neuen Lebensumstände zu einem vereinigenden Dritten zu verbinden, etwa durch eine symbolische Brücke[3] zwischen beiden. Wo eine solche Gegensatzvereinigung ansteht, stellen sich oft Träume von Brücken ein. Und diese Fähigkeit der Psyche, Symbole zu bilden, Traumsymbole oder ganze Traumhandlungen, ist ihre transzendente, ihre überschreitende und Gegensätzliches verbindende Funktion.

Träume als Wegweiser

Lassen sich Krisen, Chancen und Entwicklungsaufgaben der jeweiligen Lebensstufe und die Art und Weise der Lebensübergänge an Träumen erkennen? Lebensübergänge treten nicht einfach nach dem Kalender ein, obwohl sich auch bei der Feier der »runden Geburtstage« entsprechende Gefühle des Übergangs einstellen können. So viel lässt sich gleich zu Anfang sagen: Diese Schwellen kündigen sich sogar untrüglich in unseren Träumen an, vor allem in den Emotionen, die mit ihnen verbunden sind. Träume werden dadurch zu Wegweisern in ganz prägnantem Sinn. Vor allem die Zielrichtung ihrer Botschaft, die finale Funktion, soll im Folgenden deutlich werden.

Träume lehren uns immer wieder staunen über das innere Wissen unserer Psyche, über ihr Ahnungsvermögen und ihr Vorauswissen von der symbolischen Bedeutsamkeit unseres Entwicklungsweges. Sie erst lehren uns überhaupt, dass es einen Entwicklungsweg, einen inneren Fahrplan des menschlichen Lebens gibt, dessen Phasen und Rhythmen unserer Psyche eingestiftet zu sein scheinen. Dies zu erfahren ist für viele tröstlich und schafft Vertrauen in die größeren und tieferen Zusammenhänge unseres Lebens. Wenn ich mit dreißig oder auch fünfzig Jahren in eine Krise meiner bisherigen Identität, meines bisherigen Lebensverständnisses gerate, heißt das nach dem Verständnis der Analytischen Psychologie gerade nicht, dass ich eine labile Persönlichkeit wäre, sondern darin zeigt sich vielmehr meine Offenheit und meine Durchlässigkeit für die objektiv anstehenden Umbrüche, für den Anstoß und den Aufruf der Psyche zur Weiterentwicklung.

Der ängstigende Ruf zum Aufbruch aus dem Vaterhaus

Als eine Frau, damals Ende vierzig und im Traum bereits auf der Schwelle ihres Hauses stehend, die Aufforderung einer unüberhörbaren und unerbittlichen Stimme vernahm, ihr »Vaterhaus« zu verlassen und aufzubrechen in ein Land, das ihr gezeigt werden würde – die Traumstimme glich der Stimme Gottes, die Abraham zum Aufbruch ins Unbekannte rief –, da hielt sich die Träumerin die Ohren zu, verspürte heftige Angst vor der Zumutung dieses Aufbruchs, fiel in Ohnmacht und erwachte – noch immer träumend – im Sandkasten ihrer Kindheit, mit Eimerchen, Schäufelchen und Förmchen spielend.

Beim Aufwachen aus diesem Traum fühlte sich die Träumerin durch diese Schluss-Szene sehr beschämt.[1] Der Ruf an sie blieb jedoch unvergesslich. Konnte sie ihm auch nicht sofort Folge leisten – die Angst, alles verlassen zu müssen, war zu groß –, so konnte sie doch bei dem schöpferisch spielenden Kind in ihr selber ansetzen und in Sandkastenspielen den künftigen Aufbruch gleichsam vorwegnehmen und erproben.

Auch wenn bei dieser Frau, wie bei vielen von uns, dem wirklichen Aufbruch eine »Regression im Dienste des Ich« (Ernst Kris)vorausgehen musste, wurde sie doch unüberhörbar und völlig phasengerecht von dem Ruf zu einem neuen Aufbruch erreicht; zugleich damit kündigte sich der nahende Übergang hinein in die Jahre jenseits der Fünfzig an. Eine Frau in den Wechseljahren kann nicht im »Vaterhaus« verharren, auch nicht, wenn dieses »Vaterhaus« die bisherige Form ihrer Ehe ist, wie sich nach diesem Traum herausstellte. Sie muss dem Ruf in den Aufbruch hinein folgen, auch wenn das verheißene Land ihr noch wie eine offene Wüste erscheint.

Wenn etwas ins Rollen kommt

Eine andere Träumerin, ebenfalls Ende vierzig, beobachtet
vom Tal aus an einem Berghang mitten im Bachbett einen
jungen Mann, als die Steine, auf denen er steht, plötzlich ins
Rollen kommen. Überaus geschickt und elegant gleitet er
fast wie auf Rollschuhen mit den Steinen zusammen ins Tal,
ihr entgegen. Er trägt ein goldenes Trikot und eine Maske
vor dem Gesicht.

Der Traum ist ein gutes Beispiel für die Bildsprache, die
wir verstehen lernen müssen. Nicht in Gestalt ihrer selbst,
sondern in der jenes überaus beweglichen jungen Mannes,
einer schöpferisch-tänzerischen Brudergestalt, erlebt die
Träumerin von ihrem Standort aus, dass etwas »ins Rollen«
kommt, herabkommend aus einem hoch gelegenen Ort,
vielleicht aus dem Reich ihrer Phantasie, auf die Ebene des
alltäglich gelebten Lebens. Das goldene Trikot zeigt den
Glanz, die Kostbarkeit dessen an, was da auf sie zukommt,
und die Maske weist auf etwas geheimnisvoll Fremdes, das
sie noch nicht wirklich kennt. Es ist ihre eigene körperliche
Beweglichkeit, ihre tänzerische Begabung, die der Träumerin in ihren späten Vierzigern noch einmal jung und neu
entgegenrollt und den endgültigen Anstoß zu einem beruflichen Lebensübergang gibt: nun noch eine Ausbildung in
Tanztherapie zu beginnen. Zugleich hilft ihr diese unerwar-
tet junge, neue Animusgestalt in der Folge zu einer Verän-
derung ihrer bisherigen Einstellung zu den Männern – bisher hatte ihr Interesse eher dem väterlich-geistigen Mann
gegolten – , auch wenn diese junge Tänzergestalt im goldenen Trikot zunächst eine innere Gestalt ist, also ausschließ-
lich ein inneres Potential in ihr darstellt.

Das nahende Boot der geheimnisvollen Frau

Eine nachdenkliche, dunkelhaarige Frau mit mondartigen, milchig-blauen Augen rudert einem jungen Mann im Traum entgegen. Sie ist dabei, einen See zu überqueren, und ist schon im letzten Drittel, schon fast bei ihm.

Er erwacht mit einem überaus innigen Gefühl von Sehnsucht, ist sehr zu ihr hingezogen. An dem Traum spürt er untrüglich, dass zu einer Frau, der er vor kurzem begegnet war, ein ungleich stärkeres erotisches Gefühl in ihm aufgekommen war, als er zunächst bewusst wahrgenommen hatte. Zugleich entdeckte er in dieser Frau eine echte Anima-Figur, eine Seelen-Gestalt, die als Anteil der eigenen Psyche mit der seinen zusammenklang und sein eigenes psychisches Leben von da an ungemein belebte, indem er auf Träume, Phantasien und seine Intuition zu achten lernte. Dadurch hat sich auch sein Literaturstudium von innen her neu zu füllen begonnen, nachdem er es wegen des überwiegend rational-wissenschaftlichen Zugangs zur Literatur, wie er ihn an der Universität kennenlernte, schon fast hatte aufgeben wollen, weil er die Literatur dadurch als entseelt empfunden hatte.

Beide Träume – der von dem Tänzer im goldenen Trikot und der von der Frau auf dem See – zeigen, wie neue Lebensmöglichkeiten von sich aus, spontan auf das Ich zukommen. Sie kommen dem Ich, das hier noch unbewusst ist, zuvor. Die mondäugige Frau überquert an Stelle des Träumers den See, der »goldene« Jüngling bewältigt den Bach mit den rollenden Steinen. Das entspricht der Auffassung von C. G. Jung, dass die Impulse zu Lebensübergängen jeweils von der zentralen Instanz der Persönlichkeit, dem Selbst, beziehungsweise den faszinierenden Seelenführergestalten von Anima und Animus ausgehen, die dem Ich überlegen sind und ihm die entsprechenden Anstöße ge-

ben. Die neue Lebensmöglichkeit besteht dann darin, diesen Impuls, der der bisherigen Lebensweise und Lebens-
auffassung vielleicht eher fremd ist, in das Bewusstsein und
in die Lebensführung aufzunehmen.

Traumdeutung

An dieser Stelle möchte ich auf einige bewährte Methoden
beim Umgang mit Träumen eingehen, auch wenn Träume
als spontane Äußerungen unseres Unbewussten oder genauer: unseres tieferen Wissens eine so elementare Sprache
sprechen, eine jedem Träumer selbst so eigene Sprache, dass
sie keineswegs nur dem Spezialisten zugänglich sein dürften, sondern einem jeden, der die Bildersprache, die Symbolsprache seines eigenen Inneren ernst nimmt, sie nicht
künstlich rationalisiert und sie auch nicht nur als Ver-
schlüsselung ihrer eigentlichen Botschaft auffasst. Die
Symbolsprache, meinte Erich Fromm, sei die einzige
Fremdsprache, die ein jeder von uns lernen sollte. Nach
C. G. Jungs Auffassung [2] ist die symbolische Traumsprache
nicht so zu verstehen, wie Sigmund Freud meinte, dass sie
die eigentliche Botschaft des Traumes – aus Angst oder
Abwehr – verschlüsselt, sondern sie ist die jeweils best-
mögliche Sprache und beschreibt in bildhaften Situations-
schilderungen und Symbolen eine Lebenslage, die noch
ganz oder teilweise unbwusst ist und nun gerade so und
nicht anders ins Bewusstsein treten kann. Wenn zum Beispiel »etwas ins Rollen« gekommen ist, zeigt dies der
Traum in den rollenden Steinen eines Bachbetts, ähnlich
wie wir in einer Scharade die Redewendung »ins Rollen
kommen« versuchen würden in ein Bild umzusetzen und
darzustellen. Es ist wichtig, das Traumbild, die Traumszene
mit etwas in Beziehung zu setzen, was sich zu der Zeit im

eigenen Leben ankündigt. Zum Beispiel können wir die
Landschaft, die der Traum schildert, auf die eigene Lebenslandschaft beziehen, die Jahreszeit im Traum auf die Phase
in unserem Lebenslauf, das Wetter im Traum auf unsere
äußere und innere »Wetterlage«, nämlich die Stimmung im
augenblicklichen oder im sich ankündigenden Leben.

Unwetter und Regenbogen

Es zeigt natürlich eine bedrohliche Lebenssituation an,
wenn im Traum ein Gewitter mit so heftigen Sturmböen
aufkommt, dass es den Träumer samt seiner Familie vom
Damm ins Meer zu werfen droht. Wenn im Traum dagegen
der Regenbogen erscheint, wird ersichtlich, dass das Un-
wetter vorüber ist, der Konflikt versöhnt, ist der Regenbogen doch seit dem biblischen Bericht von der Sintflut das
große Versöhnungszeichen, ebenso wie er nach einem Un-
wetter aufleuchtet, wenn sich das wiederkehrende Licht der
Sonne in letzten Tropfenschleiern bricht. Was sind Traumsymbole anderes als uralte Bilder, von der Natur abgelesen,
von der Kulturgeschichte vieler Völker angereichert und
der menschlichen Seele schließlich eingeprägt – abrufbar
und aktualisierbar in der jeweiligen Lebenssituation!

Die Personen und auch alle anderen Lebewesen, die im
Traum vorkommen, beziehen sich entweder auf wirkliche
Personen und Lebewesen in unserem Umkreis, die denen
im Traum gleichen – so die mondäugige Frau im Kahn –,
oder auf innere Figuren, die es in unserem äußeren Leben
nicht oder noch nicht gibt – wie der Mann, der auf den rollenden Steinen des Bachbetts zu der Träumerin hinabtanzt.
Wir sprechen im ersten Fall, wenn es sich im Traum um
eine uns bekannte Person der Außenwelt handelt, von der
Deutung auf der »Objektstufe«. So erinnerte den Träumer

die Frau auf dem See an eine Frau, die er vor kurzem kennen gelernt hatte, und machte ihn darauf aufmerksam, dass
er in sie verliebt war, was sein Tagesbewusstsein bis dahin
noch nicht zugegeben hatte.

Wenn wir im Traum eine Person kennen lernen, die wir
in der Außenwelt nicht kennen, können wir den Traum auf
der »Subjektstufe« interpretieren, also so, dass uns in der
Person ein Stück von uns selber begegnet, das uns bisher
unbekannt war. So war es bei der Frau im Tal ihr eigener
jugendlich-männlicher Impuls, sich mit Tanz zu beschäfti-
gen und eine tanztherapeutische Ausbildung zu machen,
der ihr bildhaft vor die Augen trat. Sie konnte sich mit diesem Impuls innig verbinden.

Überhaupt ist die gefühlsmäßige Wirkung der Träume
äußerst wichtig, um sie richtig zu verstehen. Damit sind
sowohl die Gefühle während des Traumes selbst gemeint
als auch diejenigen, die beim Aufwachen nachklingen, sei
es die Angst vor der Schwellenüberschreitung oder einer
Flussdurchquerung, sei es die Freude über das glückliche
Ankommen am neuen Ufer. Träume sind auf der einen
Ebene nichts anderes als Bildgefäße für Emotionen, die
dramatischen Handlungen der Träume zugleich so etwas
wie Transformatoren von Gefühlen. Darin liegt ihre ka-
thartische, ihre reinigende Kraft. Kein Traum ist verstanden, bevor wir die in ihm aufgebrochenen Gefühle im Gespräch freigesetzt, wahrgenommen und in die Wirklichkeit
eingebracht haben. Dabei sind die Emotionen in den Träumen nicht einfach frei flottierend anwesend, sondern einge-
bunden in Farben, Landschaften, Bilder, Situationen und
Handlungen. Darin besteht gerade die Funktion des Träumens: Gefühle aufzunehmen, ihnen Gestalt zu geben und
sie umzugestalten.

In nächtlichen Träumen setzt sich die Psyche mit quälen-
den oder auch mit anspornenden Impulsen aus dem Alltag

– momentanen oder von früher her nachwirkenden – auseinander und spielt gleichsam Probehandlungen durch, bis eine auch emotional stimmige Lösung gefunden ist, die bei entscheidenden Lebensübergängen einer Flussüberquerung, einer Wüstenexpedition oder auch einer Nachtmeerfahrt gleichen kann.

Erwachen wir in Panik, sind wir vielleicht zu früh erwacht, durch äußeren Lärm womöglich mitten aus der Traumproduktion gerissen. Da hilft nichts anderes als an dem entsprechenden Problem weiter zu träumen und es zusätzlich auch bewusst weiter auszuphantasieren, bis eine Lösung gefunden wird, die die Notlage aufhebt und bei der sich Neuland auftut.

Dies gelingt aber nur beim Durchspielen aller zugehörigen Emotionen; auch beim Erzählen des Traums oder bei Assoziationen dazu, ob mit einem Therapeuten oder sonst einer vertrauten Person ausgetauscht, dürfen sie nicht übersprungen werden. Die Emotionen bilden gleichsam den energetischen Motor, die Antriebskraft des Traumes, und bei Lebensübergängen zeigen sie zudem ganz genau, ob wir in angstvollem Zögern vor dem Aufbruch stecken, wie jene Frau, die in ihrem Traum aus dem »Vaterhaus« ihrer Ehe heraus in die Offenheit der Wüste gerufen und aus Angst vor diesem Auftrag im Traum ohnmächtig wurde, oder ob wir uns bereits mutig, die Bangnis ertragend, auf den Weg gemacht haben und nun mitten im Übergang sind, wie jene Träumerin, die einen Bergtunnel durchfahren will, der aber immer enger wird, so dass sie ihn schließlich zu Fuß, aber nun bis zum Ende durchquert. Vielleicht kommen wir in unserem Traum, wenn auch erschöpft, so doch glücklich schon auf Neuland an, wie eine Träumerin auf frisch gepflügtes Ackerland trifft, während sie ihre alte Wohnung gelassen dem Feuer überlässt.

Die zärtliche Hand auf der Wunde

Äußerst wichtig ist auch, welche Rolle das Ich bei diesen Übergängen spielt. Der Träumer kann sich zum Beispiel mit der krebskranken Freundin identifizieren, die in seinem Übergangstraum vorkommt, vor ihr erschrecken und sich in seinem Lebenswillen beeinträchtigen lassen – allein schon deshalb, weil sie in seinem Traum vorkommt –, oder er kann wahrnehmen, wie hilfreich-liebevoll sein Traum-Ich sich der Kranken annimmt, indem es die Hand fast zärtlich auf die gut verheilende Operationswunde legt.

Dieser Mann hat sich im Traum seiner verwundeten weiblichen Seite – er hat in seinem Leben nicht mit Krebs zu tun, wohl aber eine Trennung zu verkraften – freundschaftlich, ja therapeutisch zugewandt, innerlich lehnt er sie nicht länger ab, nimmt sie vielmehr an. Das ist ein günstiges Zeichen für die Zukunft, dass er nämlich die Lösung aus einer unerfüllten Beziehung, die sein Leben fast wie ein Krebsgeschwür zu überwuchern drohte, gut bestehen wird und ein neues, gesundes Lebensgefühl zurückgewinnen kann.

Am Beispiel dieses Traums weise ich auf die wichtige prospektive oder finale Perspektive in der Trauminterpretation hin (C. G. Jung[3]). Aus dieser Perspektive ist zu fragen: »Wozu ist dieser Traum geträumt, worauf weist er voraus, welche Zukunftsperspektive peilt er an?« Die finale Betrachtungsweise steht im Gegensatz zur rein retrospektiven, die nach dem Warum eines Traumes fragt und danach, auf welche früheren, vor allem Kindheitserfahrungen er wohl zurückgeht. Zweifellos bringt auch die Retrospektive wichtige seelische Erfahrungen und Traumata ans Licht, die durchaus mit der jetzigen Übergangssituation zu tun haben können, weil bei dem Versuch, einen Lebensübergang zu meistern, frühere Blockierungen wieder anklingen und akut werden. Die finale Betrachtungsweise aber fragt im Unterschied dazu nach der Prognose für die gegenwärtige Krise.

Archäologie einer Lebensgeschichte

Eine Frau, derzeit Ende fünfzig, legt im Traum auf einer archäologischen Grabungsstätte ihr ganzes bisheriges Lebensgelände frei. Dennoch weist der Traum auch darauf hin, dass dort, wo jetzt eine Grube ist, eine Badestätte zu entdecken ist und hier in Zukunft vielleicht wieder Wasser fließen wird.

Mit diesem Hinweis liegt die vorausweisende Perspektive schon im Traum selbst. In einer alten Ruinenstätte kann wieder lebendiges Wasser fließen – seelische Energie. Bilder von Bädern weisen immer auf Reinigung und Neuwerden hin, wenn auch oft durch ein Tauchbad, eine Regression hindurch. Oft ist es unvermeidlich, zunächst einmal zurückzugehen, dorthin, wo die Entwicklung eventuell den Faden verloren hat. Das kann in einer frühen Phase geschehen sein, in der manchmal nicht genug Geborgenheit gefunden und Selbstvertrauen aufgebaut werden konnten. Dann heißt es, durch archäologische Arbeit zurückzugelangen bis in ein Bad, wo man sich aufwärmen, entspannen, reinigen und erneuern, mit einem Wort: regenerieren kann, vielleicht durch eine neue Vertrauensbeziehung, die sozusagen den Boden abgibt für den Schritt aus dem Schutt der Vergangenheit hinaus. Die Badeszene mit ihrem freundlicheren Gehalt konnte in diesem Traum, der viele grausame Erinnerungen enthielt, nämlich erst entstehen, nachdem in der Szene zuvor ein ernster, stiller Betrachter dieser Lebenslandschaft aufgetaucht war, ein Therapeut, der die Träumerin zunächst etwas störte, schließlich aber von ihr akzeptiert wurde. Das zeigt auch die Wichtigkeit der Szenenfolge innerhalb von Träumen. Es ist mit der Aufeinanderfolge von Traumszenen oft wie mit derjenigen in Märchen: Verhält der Held, die Heldin oder das Traum-Ich sich stimmig im Sinne der Traumhandlung, befolgt es zum Beispiel den Rat eines weisen Fuchses, dann folgt in der nächsten Szene ein Entwicklungsschritt nach vorne. Missachtet es aber den Rat seines Seelenführers, erlebt es in der nächsten Szene einen Rückfall, einen »Reinfall«; der Held wird zum Beispiel – so in dem Grimmschen Märchen »Der goldene Vogel« – von falschen, neidischen Brüdern in einen Brunnen gestoßen und lange gefangengesetzt.

Die »Wilde Anna« ist los oder: ein Ritual gegen die Ausbeutung

Eine bestimmte Szenenfolge ist auch in dem archetypischen Traum von der »Wilden Anna« zu erkennen, den eine 35-jährige Frau träumte, ein Jahrzehnt übrigens, bevor ein allgemeines ökologisches Krisenbewusstsein aufkam. Die Sorge und Empörung der Träumerin, die an der Küste die gefährliche Ölverschmutzung der Nordsee wahrnahm, rief in der zweiten Szene ihres Traumes eine großartige, rächende Gestalt, die »Wilde Anna« auf den Plan, die eine vernichtende Sturmflut auslöste. Die »Wilde Anna« ist einerseits eine archetypische Gestalt, die empörte Seele des Meeres, hinaufragend bis in die Wolken, andererseits auch Bild für die Empörung der Träumerin, die innerlich mitschwingt mit dem Handeln der »Wilden Anna« und auf deren Seite ist. Zugleich identifiziert sie sich jetzt, da ihre Empörung freigeworden ist, aber auch mit der Angst der möglichen Opfer der Flut. Und so »lässt sie« in der folgenden Traumszene die ausbeuterischen Menschen zur Einsicht kommen und sich zu einem Ritual der Versöhnung formieren. Indem sie das vollziehen – sie prozessieren in weiten Kreisen um eine Schale voll Wein (ein Bild des heiligen Grals?), besänftigt sich in der nächsten Szene auch die »Wilde Anna«, und die von ihr ausgelöste Flutwelle kommt zum Stehen, wird zurückgenommen.

Die Szenenfolge dieses Traumes folgt unübersehbar der Psycho-Logik alter Mythen von der Besänftigung erzürnter Gottheiten durch Bußrituale schuldig gewordener Menschen. Trotz der in die Augen springenden überpersönlichen Gestalt dieses Traumes und seiner Botschaft an alle enthält er doch eine nicht minder wichtige Botschaft an die Träumerin selbst, ihre »innere Ökologie« betreffend. Auch sie selbst war bis zu der Zeit, in der sie den Traum träumte, in der Gefahr gewesen, die eigene Seelentiefe auszubeuten und deren Schätze zu vermarkten, indem sie sie allzu sehr ihrem beruflichen Weiterkommen und Weitergeben dienstbar machte. Hier rief der Traum zum Umdenken, zur Umkehr.

Große Träume

Neben Träumen, die aus mehr oder weniger alltäglichem Material wie Bahn und Haus bestehen und trotzdem, wie wir sahen, von großer symbolischer Bedeutung sein können, erlebt wohl jeder Mensch das eine oder andere Mal im Leben einen sogenannten »großen Traum«, einen, den er nie vergisst, auch wenn er ihn nie aufschreibt, und der ihm auch nach Jahren noch in gleicher Lebendigkeit und mit derselben erschütternden emotionalen Intensität wie einst vor den inneren Augen steht. Es ist vor allem der aufwühlende Gefühlston, der Eindruck, dass hier etwas in Erscheinung tritt, das einen »unbedingt angeht« (Paul Tillich)

und das ganze Leben wenden könnte, was ihn zu einem
»großen Traum« macht. Das eben erzählte Beispiel von der
»Wilden Anna« ist ein solcher »großer Traum«, den ich in
diesem Zusammenhang noch einmal erwähne, obgleich ich
ihn in anderem Zusammenhang schon besprochen habe.[4]

Oft enthält ein solcher Traum auch überpersönliche, archetypische Bilder, die nicht nur den Träumer selbst, sondern die Menschen seiner Zeit überhaupt angehen und die
mit großen Reservoiren an heilenden, rettenden Bildern in
Berührung bringen, Bildern aus den Tiefenschichten unserer menschlichen Psyche, die in der Psyche eines jeden be-
reitstehen. Sie speisen sich aus den Überlebenserfahrungen
von Generationen und können vor allem in besonderen
Krisensituationen und Lebensübergängen in Erscheinung
treten, dann eben, wenn wir sie besonders brauchen. In relativ ruhigen, konsolidierten Phasen unseres Lebens können wir keinen »großen Traum« erwarten, wir brauchen
ihn dann nicht lebensnotwendig. Er kommt aber ungerufen
in der Not. Dann weist er oft weit über das Problem des
Einzelnen hinaus und schenkt uns ein heilendes Bild, das
auch anderen gilt und an dem sich viele orientieren können.

Der Ausdruck »großer Traum«, den die Jungsche Trauminterpretation übernommen hat, stammt aus der Tradition
des Schamanismus, wo der große Traum des Schamanen
nicht nur diesem, sondern seinem ganzen Stamm zur »Vision« wird, die Weisung und Orientierung in Lebensfragen
gibt, so wie das Versöhnungsritual der Menschen angesichts der empörten »Wilden Anna« zum Modell für heutige Versöhnungsrituale mit der Natur werden konnte, etwa
die Menschenketten zum Schutz der Ostsee.

Ich führe als weiteres Beispiel für einen großen Traum
den einer 60-Jährigen an, der ihr den inneren Weg für die
Zeit nach der Pensionierung wies. Sie überschrieb ihn
»Altes Ruinenfeld«. Ich gebe ihm bewusst die Überschrift:

Was in der Tiefe auf Entdeckung wartet

»Eine Unbekannte, Marianne und ich schlendern über den Platz, schauen herum. Wir können nicht mehr den gleichen Weg zurück, der Weg (Hag) ist zugewachsen. Eine verblühte Brennessel steht da.

Wir steigen eine Treppe in die Erde hinunter. Eine verschlossene Tür ist da. Die Unbekannte klopft laut an. Ein Mann öffnet die Tür. Der Raum ist weiß gekachelt, sauber, leer. Ich sage: ›Wir sind hier bei den Toten!‹ Der Mann sagt: ›Ja, bei den Toten‹ und geht weg.

Wir warten und sehen einen Sarkophag, weiß, in der Mitte des Raumes. Ein Würfel, gekachelt, unheimlich.

Der Mann holt uns wieder. Wir stehen vor der nächsten verschlossenen Tür. Man kann hindurchsehen. Es ist mir unheimlich zumute. Der Mann, mit einem Werkzeug ausgerüstet, öffnet uns die Tür. Wir treten ein. Unter einem Glas sehe ich Kopf und Brust – eine Büste? – des Papstes Johannes XXIII. oder XXIV. Er bewegt die Lippen.

Ein wunderschöner Mann liegt nur als zarte Hülle da. Er ist aus Hauch, aus einer Farbe wie Nebel (Pietà?). Der Mann (Wärter, Hüter) geht ans Kopfende, massiert ihm zart die Brust, hegt ihn zärtlich. Ich sage: ›Er massiert ihn!‹ Er hat ihn etwas gedreht. Es scheint mir unglaublich. Eine Frau kommt herein. Sie geht zur Mitte.«

Dass der Wärter dem wunderschönen ätherischen Mann die Brust massiert, verwundert und bewegt die Träumerin am meisten. Hier muss der Schlüssel zum Traum liegen. Die Brust zu massieren heißt doch wohl, die Atmung, ja das Herz anzuregen, also wiederbeleben. Der Wunderschöne soll leben, er ist nicht endgültig tot.

Wenn der wunderschöne junge Mann, eine archetypische Gestalt des geheimnisvollen Fremden, in der Sechzigjährigen wiederbelebt würde, käme ein aufbruchbereiter, taten-

durstiger, erlösender Animusgeist in ihr Leben. Sie selbst
würde wieder unternehmungslustig, ein gewisser Eros käme in ihre geistigen und künstlerischen Interessen, denn
dieser noch so hauchzarte Mann ist das Entwicklungsfähi-
ge in ihr. Der Traum stellt eine Beziehung zu ihrer inneren
Männlichkeit her, auch wenn diese vorerst noch sehr äthe-
risch erscheint und kräftig massiert werden muss, bevor sie
wieder durchblutet ist.

Das nächste wichtige Motiv in diesem Traum ist Papst
Johannes XXIII., der auch nicht tot ist, sondern spricht.
Nur müsste er heraus aus seiner Situation. Er ist ja hinter
Glas gebannt, isoliert, konserviert. Johannes XXIII. war
bekanntlich der Papst, der in seinem hohen Alter und trotz
äußerst kurzer Amtszeit damals der ganzen katholischen
Kirche den Anstoß zur Erneuerung zu geben vermochte
aus dem urchristlichen Geist der Liebe und der Geschwis-
terlichkeit heraus. Wenn die Sechzigjährige von ihm
träumt, wird ihr nahegelegt, dass auch sie ihr ganzes Le-
bensgebäude – analog zu der Kirche, um die es Johannes
XXIII. ging – noch einmal erneuern könne. Konventionen,
die ihr Leben behindert haben, können über Bord geworfen werden, neue, ungewohnte Kontakte dafür aufkom-
men.

Der würfelförmige Sarkophag – übrigens eine unübliche
Form für einen Sarkophag – erinnert an ein Symbol für das,
was C. G. Jung das Selbst nennt und das sowohl als Qua-
drat wie auch als Würfel erscheinen kann. Was heißt es,
dass die Träumerin dieses Selbstsymbol als ein Sarkophag
erscheint, noch dazu steril und eingekachelt? Wieso das
Selbstsymbol bei den Toten?

Als die Träumerin, ihr Traum-Ich mit den beiden Begleiterinnen, diesen Raum betritt, erscheint er ihr kalt und unheimlich. Andererseits kann sie nicht ausweichen, sie musste hier heruntersteigen. Zu Beginn des Traumes hieß es ja:

»Wir können nicht mehr den gleichen Weg zurück, er ist zugewachsen. Eine verblühte Brennessel ist da.« Solche Hinweise im Traum bedeuten: Du musst den noch offenen Weg gehen, es gibt kein Zurück. Offen ist hier nur der Weg hinunter in die Gruft. Ob das Bild von der verblühten Brennessel der Träumerin einen Hinweis auf eine Lebensphase gibt, in der die alten Wege nicht mehr gangbar sind? Ein Traum vom Weg in die Gruft bedeutet keineswegs, dass man dem physischen Tod nahe wäre, er meint andererseits sehr ernsthaft, dass man zu etwas hinabzusteigen habe, das bisher verborgen war, tot geglaubt, beerdigt. Mit großer Betroffenheit bemerkt die Träumerin, dass sehr lebendige Impulse, der wunderschöne Mann, die weise Vatergestalt von Johannes XXIII., dazu ihr eigenes Selbst mit seinen Entwicklungs- und Vollendungsmöglichkeiten in ihr schon nahezu »lebendig begraben« waren. Andererseits hat ihr in den letzten Jahren lebhaft erwachtes Interesse an Träumen dazu geführt, dass sie diesen Traum träumte, ihn schriftlich festhielt und schließlich in ein Gespräch mit Fachfrauen einbrachte.

Auf der Schwelle zum späten Erwachsenenalter hat dieser Traum ihr eine lebenswichtige und lebenswendende Botschaft mitgeteilt. Das Traum-Ich und seine beiden Begleiterinnen, die hier wie die drei Marien am Ostermorgen zur Gruft gehen, können als Anteile der Träumerin selbst gelten, die miteinander die große Entdeckung machen. Der Traum endet mit der bedeutsamen Wendung: »Eine Frau kommt herein, sie geht zur Mitte.« Während die großen männlichen Gestalten, die Animusfigur des geheimnisvollen Fremden und der alte Weise in Gestalt von Johannes XXIII. bei all ihrer Bedeutsamkeit für die Träumerin doch nicht im Zentrum dieses Raumes stehen, ist es eine Frau, die nun ohne zu zögern in die Mitte tritt. Dieses Bild kann nichts anderes bedeuten, als dass das weibliche Prinzip der

Träumerin nunmehr in die Mitte des Tiefenraumes ihrer Seele tritt.

Für große Träume ist es nie zu spät und nie zu früh; sie kommen in allen Lebensaltern vor. Archetypische Motive im Traum dieser Sechzigjährigen sind der Gang in die Tiefe, die versuchte Totenerweckung durch Massieren beziehungsweise Berühren und die Gestalt des wunderschönen Mannes, einer Animusgestalt. Archetypisch ebenso der alte Weise oder große Vater, hier verkörpert in Papst Johannes XXIII., archetypisch aber nicht zuletzt der weiße Würfel als Erscheinungsweise des Selbst. Eine nicht nur persönliche Nachricht, sondern eine Botschaft an das Kollektiv, jedenfalls an die noch existierende Christenheit dürfte auch der Hinweis auf Johannes XXIII. sein, der hier nicht tot ist, sondern spricht, allerdings in unwürdiger Isolierung. Deshalb fragt die Träumerin wohl auch, ob es sich nicht eher um Johannes XXIV. handelt, den es noch nicht gibt. Er wäre ein Zukunftspapst, eine reformerische Utopie für die Kirche und für sie selbst, die ihr aber bei ihrem Einstieg in die Tiefendimension ihrer inneren Welt unübersehbar begegnet.

Umgang mit Träumen

Besonders wichtig vor jeder »Anwendung« eines Traumes scheint mir zu sein, seine Bilder und ihre mutmaßliche Botschaft zu sich sprechen zu lassen, sie in Muße aufzunehmen, sich von ihnen betreffen und, wenn der Traum entsprechend ist, auch erschüttern zu lassen. Träume enthalten tiefes Wissen aus der Brunnenstube unserer Psyche.

Es ist sinnvoll, seine Träume aufzuschreiben, sie werden allein davon deutlicher und arbeiten auch uninterpretiert in uns weiter, wenn wir uns mit ihnen befassen. Unsere Seele kennt und versteht ihre Bilder und die zugehörigen Emotionen, bevor eine bewusste Deutung vorliegt. Heben wir allerdings Träume ins Bewusstsein oder auch ins Gespräch, so können wir den Blick in die Werkstatt unserer Seele, den wir damit tun, noch bewusster nutzen, um die Impulse und Lebensmöglichkeiten, an denen unsere Seele in Lebensübergängen arbeitet, aufzugreifen und sie für die nächsten Schritte zu nutzen. Träume verstärken ihre Wirkung noch, wenn wir sie malen oder eine besonders eindrucksvolle Traumfigur in Ton nachgestalten, wenn wir uns also kreativ mit ihnen befassen.

Manche tanzen ihre Träume auch, indem sie Gebärden und Bewegungsfiguren zu den entscheidenden Szenen finden. Besonders aufschlussreich ist es, wenn wir spontane Einfälle und Assoziationen zu den einzelnen Bildern, Personen oder Szenen der Träume aufsteigen lassen, sie in der Phantasie weiterimaginieren und uns darüber mit einer Fachfrau, einem Fachmann oder mit guten Bekannten austauschen. Zum Beispiel können wir zu der Gegend, die in dem Traum vorkommt, unsere Erinnerung befragen: Kennen wir den Bergbach eventuell, den es da zu überqueren gilt, lassen sich bestimmte Lebenssituationen und zugehörige Gefühle damit verbinden? Eine Träumerin, in deren Traum ein Bergbach eine Rolle spielte, hatte vor Jahren mit ihrem Vater zusammen, der jetzt nicht mehr lebt, einen solchen Bach überquert. In diesem Traum schafft sie das alleine, auch wenn sie erst einmal hineinfällt. Anders als mit ihrem Vater zusammen kommt sie dabei in Berührung mit dem Wasser, das sich aber als erfrischend und freundlich erweist. Gerade durch die Panne, die ihrem Vater, wie sie meint, »nie passiert wäre«, kommt sie in Kontakt zu diesem Element seelischer Energie. Sie fällt, wie sie sich im Rückblick auf den Traum erinnert, in den Bach wie in eine Frischwasser-Badewanne und so fast in ein mütterliches

Element. In diesem Traum kündigt sich ein Lebensübergang in die Selbständigkeit vom Vater an – mit neuen Er-
lebnisweisen, zu denen auch das weibliche Element gehört.

Archetypische Bilder und Situationen

Bei Trauminterpretationen ist es auch immer wieder aufschlussreich, über die persönlichen Assoziationen der
Träumer hinaus nach den Bedeutungen zu fragen, die   Bilder wie Wasser, Bach, Strom, Furt und Brücke oder auch
das Verschlungen- und Ausgespienwerden vom Fisch für
alle Menschen haben; Bedeutungen, die schon frühere Generationen kannten, wie die biblischen Erzählungen von
der Überschreitung des Flusses Jabbok durch Jakob oder
das Verschlungenwerden Jonas vom Wal erkennen lassen.
Sie sind »urbildlich« und schließen auch unsere heutige
Existenz ein. In diesem Zusammenhang sprechen wir von
der kollektiven Bedeutung des Symbols oder von einer »archetypischen« Situation. So lässt sich die Lebenssituation
des Träumers samt den Bildern, die der Traum für sie gefunden hat, in Verbindung bringen mit dem, was die Menschen auch schon früher mit diesen Symbolen und Situationen gemeint haben. Der Traum von einer Übergangssituation schließt dadurch an die große Tradition der archetypischen Bilder und Szenen an, die durch Mythos und
Bibel, durch Märchen und Dichtung von vielen Generationen und Völkern überliefert worden ist. Damit tritt das
Traumerlebnis des Einzelnen in einen größeren Sinnzusam-
menhang. Das Auftauchen von kollektiven Symbolen im
eigenen Traum oder in der eigenen Lebensgeschichte stärkt
das Gefühl, ein echtes Menschenschicksal zu haben und
mit den großen Erfahrungen der Menschheit verbunden
und auch von ihnen getragen zu sein.

Auf die Frage, was ihr die Therapie gebracht habe, antwortete eine pensionierte Krankenschwester, die ein sehr hartes Leben gehabt hatte, nicht ohne Stolz: »Ich weiß jetzt, dass ich ein richtiges Schicksal gehabt habe.« Zuvor hatte sie sich für relativ belanglos gehalten, obwohl schon der Eingangstraum in die Analyse ihr bedeutsame Bilder aus der Menschheitstradition nahegebracht hatte: Sie befand sich damals plötzlich in einem Heilbad, das den Namen »Schlangenbad« trug – ein solches Bad gibt es wirklich – und das zu dem Zeitpunkt in einem sehr verfallenen Zustand war. Die Träumerin aber weiß, dass sie künftig hier Heilung finden kann. Die Schlange, die als Äskulapstab zum Symbol der Ärzte und Apotheker geworden ist, gilt als das heilende Wandlungssymbol schlechthin. Sie weist die Träumerin aber auch hin auf bisher eher tabuisierte Bereiche des Lebens wie Sexualität und Tod, die schon in der Sündenfallgeschichte mit der Schlange zusammengehören und unbedingt stärker in ihr Leben einbezogen werden wollen, wenn sie den fälligen Lebensübergang, die Wandlung bestehen will.

Die eigenen Übergangserfahrungen verbinden uns mit den großen Erfahrungen der Menschheit, so dass wir uns von ihnen mitgetragen fühlen, und das gilt auch für die verschiedenen Altersstufen, zu denen ich im Folgenden Träume vorstellen werde. Dass es Lebensübergänge nicht nur für mich allein gibt, sondern für alle und immer wieder, kann zugleich die Angst vor den anstehenden Transiten mildern und dazu verhelfen, den Mut aufzubringen, sich auf Prozesse einzulassen, die unabdingbar zur Entwicklung eines jeden Menschen gehören. Es handelt sich bei solchen Durchgängen und den entsprechenden Engpässen eben in gar keinem Sinn um »Pannen« oder um ein Versagen, sondern immer wieder neu um die Voraussetzung dafür, auf die nächste Lebensstufe zu gelangen. Schon dies zu begrei-

fen kann ermutigen: Eine Analyse beispielsweise, die in
eine echte Übergangskrise führt, zu der auch eine Identitätskrise gehören kann, sollte man keinesfalls als »falsch
gelaufen« betrachten. Sie hat vielmehr an den kritischen
Punkt geführt, wo es das alte Lebensufer zu verlassen gilt,
um den Übergang zum neuen Ufer zu wagen. Wenn wir
zudem erfahren, dass jeder dieser Lebensübergänge – analog der ersten Initiation bei vielen Völkern – aus drei Phasen besteht, dem Abschied, dem Übergang und dem Neubeginn, so kann ich in jeder der drei Phasen spüren, dass
es mit ihnen seine Richtigkeit hat und dass es darauf an-
kommt, sie auszuschreiten, um dann den nächsten Schritt
tun zu können. Der letzte Schritt besteht jeweils in der all-
mählichen Integration des beim Übergang Gewonnenen in
die eigene Person, den eigenen Beruf und die wichtigsten
Beziehungen.

Lebensübergänge haben je einen verschiedenen Charakter, ob sie nun bei Berufswechsel, bei einer lebensgefähr-
lichen Krankheit, beim Verlust einer langjährigen Beziehung, bei der Vertreibung aus der Heimat oder beim Abschied von einem liebgewordenen Lebensort anstehen.

Bei aller Verwandtschaft untereinander haben aber die
gleichsam regulären Übergänge, die mit keinerlei außerge-
wöhnlichem Schicksalsschlag oder Unglück zu tun haben,
sondern naturgegeben sind, einen je eigenen Charakter. Sie
ergeben sich, wenn auch oft mit nicht geringerer Dramatik,
aus dem Wechsel der Lebensstufen, der Lebensalter selbst.
Nach jeweils sieben oder auch nach zehn Jahren stehen
deutliche Schwellenüberschreitungen an, der Überstieg
beispielsweise über die Schwellen der zwanziger, der
dreißiger, der vierziger Jahre, von den schwierigeren Übergängen in die fünfziger und sechziger Jahre ganz zu schweigen. Was zeichnet diese Übergänge jeweils aus, wo liegen
deren besondere Krisen und Chancen? Und vor allem: Wie

kommt man über die jeweilige Schwelle, und wie kündigt sich der notwendige Übergang an?

Eines scheint deutlich zu sein: An solchen Schwellensituationen pflegen sich Träume einzustellen, vielleicht sogar zu häufen, die den Übergang einleiten und begleiten. So sagte kürzlich ein zwölfjähriger Junge, aufgeklärt und belesen, wie man heute mit zwölf Jahren sein kann, mit einem angstvollen Augenaufschlag zu seiner Mutter: »Jetzt kriege ich schon langsam ziemlich viel Angst vor der Pubertät ...« Nicht genau nach Jahren, wohl aber nach Phasen scheint sich unser Leben zu gliedern, und ein Phasenwechsel kündigt sich genau mit einer solchen Beunruhigung an, wie dieser Zwölfjährige sie zu erkennen gibt. Diesen Phasen und den ihnen entsprechenden Träumen will ich mich im Folgenden zuwenden.

Übergangsphasen zu durchleben braucht Geduld, bei den Betroffenen selbst, aber auch bei den anderen, die sie begleiten. Dazu gehört auch die sorgsame Beachtung und Betrachtung der in solchen Zeiten entstehenden Träume. Übergangsphasen emotional zu überspringen wäre ungünstig, könnte das Ankommen in der neuen Phase verzögern, ja eine Fixierung in der alten bewirken. Der Sprung ans neue Ufer will gewagt sein.

Die Lebensphasen

Einleitend möchte ich die wichtigsten Phasen, vor allem im Hinblick auf die zugehörige Entwicklung für das Ich beziehungsweise den Ichkomplex schildern. Schließlich geht es in diesen Prozessen vor allem um unsere sich von Phase zu Phase entfaltende und wachsende charakteristische Identität.

Zwei ganz große Phasen, in denen unser Leben verläuft, erleben vor allem wir Frauen: den Übergang von der Kindheit zu der einschneidenden Erfahrung der ersten Menstruation und den zweiten großen Übergang, den die Wechseljahre bringen. Auch bei Männern finden sich die beiden Hauptphasen, einerseits der Übergang in die Pubertät, andererseits der ins mittlere Erwachsenenalter, bei dem zwar vielfältige Begrenzungen spürbar werden, aber doch noch nicht Zeugungsunfähigkeit, wie das analog zum Verlust der Empfängnis- und Gebärfähigkeit bei der Frau nach der Menopause ist. Da markanter erfahrbar, werden die beiden Hauptphasen von uns Frauen, so meine ich, auch bewusster erlebt: eine große Chance.

In der Entwicklungspsychologie nimmt man einen siebenfachen Phasenwechsel an: von der frühen zur späten Kindheit und von da zur Adoleszenz, vom frühen über das mittlere und späte Erwachsenenalter zum hohen Alter.

Oder man kann mit Erik Erikson, einem der Pioniere der Lebensphasenforschung, acht Phasen unterscheiden, die den vollständigen Lebenszyklus[1] ausmachen und denen jeweils psychosoziale Krisen und bestimmte Entwicklungsaufgaben entsprechen. So gliedert er die Kindheitsphase vierfach auf in Säuglingsalter, frühe Kindheit, Spiel- und

Schulalter; die Erwachsenenphase ebenso vierfach in Adoleszenz, frühes Erwachsenenalter, eigentliches Erwachsenenalter und das Alter selbst. Lösen wir die jeweils vorgesehenen Entwicklungsaufgaben ein, durchleben wir die jeweilige Phase sinngemäß, so wird sie zur Ausgangsbasis für die nächste Entwicklungsstufe. Vermögen wir sie nicht einzulösen, dann beschweren uns die nicht erledigten Aufgaben und führen zu spürbarem Ungenügen. Die acht Phasen nach Erikson können also als Kristallisationspunkte der Entwicklungsereignisse angesehen werden. Besonders wichtig ist dabei die Gewinnung des Selbstverständnisses, der Identität, der Treue zu sich selbst – eine Aufgabe, die sich von der Adoleszenz an stellt als wichtigste Voraussetzung auch für unsere Beziehungsfähigkeit.

Romano Guardini[2] unterscheidet vier große Entwicklungskrisen, die auf die Kindheitsphase folgen und jeweils zu einem bestimmten weiteren Stadium des Menschseins führen: erstens die Krise der Reifung, die zur Ausformung des »jungen Menschen«, zweitens die Krise der Erfahrung, die zum »mündigen Menschen« hinführt, drittens durch das Erleben der Grenze eine Krise, die den »ernüchterten Menschen« hervorbringt, bis viertens die Krise der Loslösung den »weisen Menschen« ermöglicht.

Der erste, der einen vollständigen Entwicklungszyklus konzipierte, der nicht nur das Jugendalter, sondern den ganzen Lebensbogen umfasste, war übrigens C. G. Jung mit seinem Konzept vom »Individuationsprozess«[3], wonach ein jeder sein Leben lang damit befasst sei, darum ringe und leide, es aber auch immer wieder als beglückend erfahre, dass er immer mehr ein Individuum, ein eigener und ganzer Mensch werde. Jung unterschied vor allem zwei Lebenshälften, wobei der Hauptakzent der ersten Lebenshälfte, bis etwa zum 35. Jahr reichend, auf dem Kontakt mit der Außenwelt liege, dem Ausbau einer beruflichen Existenz und dem Aufbau einer verbindlichen Beziehung, oft verbunden mit der Familiengründung. In der zweiten Lebenshälfte, wenn die zeitliche Begrenzung spürbar wird, verlagere sich das Interesse allmählich auf die Frage nach Sinn und Ziel dieses Lebens und damit auch auf das Selbst, das Eigentliche jedes Menschen, das sein viel kleineres bewusstes Ich umfasst und um Dimensionen überragt. Jung stellt sich dieses Selbst des Einzelnen mit dem größeren Selbst der ganzen Menschheit verbunden und vernetzt vor – so dass der Bezug auf dieses Selbst gerade das Gegenteil einer ichbezogenen Egozentrik ist, vielmehr eine Öffnung zum seelischen Innenraum der ganzen Menschheit hin, wozu auch die früheren Generationen mit ihrem seelischen Erbe gehören.

Natürlich beschränkt sich die Individuation nach Jungs Konzept nicht auf die Unterscheidung der beiden Lebenshälften mit ihrer eher extravertierten beziehungsweise introvertierten Lebenseinstellung, sondern sie ereignet sich in immer neuen Abgrenzungs- und Integrationsschritten, unter denen die Auseinandersetzung mit dem Schatten, dem unbewussten und meist abgelehnten Anteil der Person – der »Persona«, wie Jung unsere bewusste Selbstdarstellung nennt –, eine Schlüsselstellung einnimmt. Mit dem Schatten sind nach Jung ja immer auch die noch ungelebten Teile unseres Wesens verbunden, kontaminiert, wie er gerne sagt, so dass ich ihm begegnen muss, um an mein noch unerschlossenes Reservoir an Lebensmöglichkeiten heranzukommen, an meine Ressourcen.

So träumte eine Frau, die in ihrem äußeren Auftreten mausgrau war und sich auch selbst so verstand, dass sie als Seeräuberin die Meere befahre und sich an Land alles, was sie zum Leben brauchte, zusammenraube und auch noch ein bisschen mehr, ein bisschen Luxus, ein bisschen Schmuck. Für diese Frau war es sehr wichtig, an ihre im

Schatten liegende Fähigkeit heranzukommen, sich vom Leben zu holen, was sie benötigte. In ihrer Überbescheidenheit stellte es keine Gefahr für sie dar, dass sie diesen Schatten jemals extrem ausleben würde, sie musste vielmehr froh sein, dass er sich rührte und sein Lebensrecht verlangte.

Das Gleiche gilt für die Vater- und Mutterkomplexe, die vielen den Zugang zu ihren entscheidenden Entwicklungspotentialen verstellen, solange sie unbewusst und unbearbeitet sind. So musste ein junger Mann im Traum über die Zugbrücke zu einer Burg, in der sich der Brunnen mit Lebenswasser befand, an einer mächtigen dunklen Frau vorbei – einer negativ besetzten Mutterfigur? Er musste um seines Lebens willen in die Burg hinein. Doch auf der Zugbrücke spielte sich ein gewaltiger Ringkampf mit der dunklen Frau ab, bis sie ihm schließlich den Weg freigab. Nach Jung stellt eine solche Frauenfigur viel mehr als eine Schattenfigur dar. Sie ist eine symbolische Ausformung des Mutterkomplexes, mit dem sich der Sohn auf noch tieferer Ebene auseinandersetzen muss als mit seinem persönlichen Schatten. Hinter ihr, der komplexhaften Ausformung der persönlichen Mutter, steht der noch ungleich mächtigere Archetyp der Mutter selbst. In diesem Traum geht es, dargestellt am Bild der Zugbrücke, um einen Lebensübergang des jungen Mannes, der, am Mutterkomplex vorbei, um den Zugang zu seinem Selbst ringt, das sich hier wie oft im Bild einer Burg symbolisiert.

Nur in dem Maße, in dem die Auseinandersetzung mit dem Mutter- und dem Vaterkomplex bewältigt ist, kann sich der Zugang zum Partner, zur Partnerin des eigenen Geschlechts öffnen, ein Lebensübergang, der oft nur in mehreren Anläufen und unter starker Phasenverschiebung gelingt. Oft überlagert das Mutter- oder das Vaterbild die Beziehung zum Partner der eigenen Generation noch für

lange Zeit – wie in dem schon erzählten Traum, in dem eine
fast Fünfzigjährige das »Vaterhaus« ihrer Ehe verlassen
soll. Oder ein Partner aus der Generation des Vaters wird
der Partnerschaft mit einem Gleichaltrigen vorgezogen.

Jung sieht die Lebensstufe, in der die Auseinandersetzung mit den inneren Bildern des Mannes und der Frau,
des Weiblichen und des Männlichen in uns ausgetragen
wird, als entscheidend dafür an, ob einerseits eine verbind-
liche Beziehung, andererseits ein schöpferisches Werk gelingen kann, denn über das Innenbild eines möglichen Be-
ziehungspartners – beziehungsweise eines abschreckenden
Bildes des anderen Geschlechts – hinaus sind Anima und
Animus für Jung Bilder für die beseelende und für die be-
geisternde, schöpferische Energie in Mann und Frau.

Mit Verena Kast bin ich der Auffassung, dass Anima und
Animus sowohl in der Psyche von Männern wie in der von
Frauen vorkommen[4], wie es sich unübersehbar in den ent-
sprechenden Träumen zeigt. Die beseelte junge Frau zum
Beispiel, die im Traum einer Fünfzigjährigen vorkommt, ist
bestimmt kein Schattenanteil dieser Frau, auch nicht ein
Bild von ihrem Selbst, sondern der seelenhaft-gefühlshafte
Anteil, der dieser sehr tatkräftigen und rational denkenden
Frau an ihrem Lebensübergang über die Fünfziger-Schwel-
le wieder neu begegnet.

Der Archetyp des göttlichen Kindes schließlich, nicht zu
verwechseln mit Bildern der Regression in die Kindheit,
kann sich gerade dann konstellieren, wenn die Sisyphos-
Erfahrung des sich immer Wiederholenden, ja Vergeblichen
den Menschen im mittleren Erwachsenenalter heimsucht.
Solche Träume erinnern ihn daran, dass er durch den Archetyp des göttlichen Kindes mit der Emotion und Energie
des Spielerisch-Schöpferischen verbunden ist, mit einer un-
ausgeschöpften und unerschöpflichen Lebens- und Ent-
wicklungskraft. Selbst das Zurück-versetzt-Werden in den

Sandkasten im Traum jener vom Aufbruch überforderten Frau, das ihr zunächst als Regression erschien, enthält Ansätze zur Konstellation des spielend-schöpferischen Kindes, das ihr schließlich den Aufbruch ermöglichen wird. Und im Großmutteralter, wenn die eigenen Kinder aus dem Hause sind und die Enkelkinder allenfalls besuchsweise ins Haus kommen, kann eine Frau, die dann jenseits der Menopause zu sein pflegt, große Freude und eine intensive Belebung erfahren, wenn sich in ihr und in ihren Träumen das sogenannte »göttliche Kind« konstelliert.

Ein weiterer großer Entwicklungsschritt steht an, wenn der Bezug zur archetypischen Gestalt der alten Weisen oder des alten Weisen aufgenommen wird als einer Einstellung der gelösten Gelassenheit dem Leben gegenüber. Auch wenn die nahe Beziehung zu diesem Archetyp den späten Jahren eines Menschen vorbehalten zu sein scheint, ist sie doch in allen Altersstufen möglich, wie es sich immer wieder in den Träumen junger Menschen zeigt, wenn alte Weise in ausweglose Not erscheinen. Davon erzählen auch Märchen wie »Die Nixe im Teich« und »Die Gänsehirtin am Brunnen«, die zur Sammlung der Brüder Grimm gehören.

Jung meinte zwar, bei seinen ersten Beobachtungen des von ihm konzipierten Individuationsprozesses entdeckt zu haben, dass er phasenhaft geregelt verlaufe, so dass zuerst der »Schatten« ins Bewusstsein trete als der bisher unbelichtete, abgelehnte Teil eines Menschen und in Verbindung mit ihm dann die »Persona« fragwürdig werde, die Art und Weise, wie sich einer bis dahin in der Welt dargestellt habe. Erst in der Folge komme es dann zur Begegnung und Auseinandersetzung mit Anima und Animus als den Geleitern ins tiefere Unbewusste und in die tiefere Bezogenheit. Der Individuationsprozess wäre jedoch kein individueller, wenn er sich bei jedem Einzelnen an diese Reihenfolge hiel-

te, vor allem ist er nicht nach Jahren einteilbar, es kann zu
starken Phasenverschiebungen kommen, und die latente
beziehungsweise manifeste Beziehung zu den einzelnen
Archetypen sowie die Aufarbeitung der mit den Vater- und
Mutterbildern verbundenen Komplexe zieht sich in Vari-
anten durch viele Lebensalter.

Hier möchte ich das Jungsche Individuationskonzept
vor allem mit den wichtigsten Entwicklungsphasen des
Ichkomplexes zu synchronisieren versuchen. Ich orientiere
mich dabei an den Überlegungen zu einer entwicklungspsychologischen Betrachtung des Ichkomplexes, die Verena Kast in ihrem Buch »Die Dynamik der Symbole«[5] er-
arbeitet hat. Sie folgt dabei den Phasen, in denen sich der
Ichkomplex jeweils charakteristisch entwickelt, und ordnet
diesen Phasen jeweils Symbole, die archetypischen Gestalten zu, die in ihnen vorstellungs-, erlebnis- und verhaltens-
mäßig in den Vordergrund treten. So richtet sich beispielsweise das mutig sich emanzipierende Lebensgefühl während der Adoleszenz am Archetyp des Helden, der Heldin
aus und orientiert sich an ihren Taten, oder das faszinierte
Existenzgefühl des jungen Erwachsenen lässt sich von den
Anima- und Animusgestalten des geheimnisvollen Fremden ergreifen. Entsprechend konstellieren sich im realitäts-
nahen Lebensgefühl des mittleren Erwachsenenalters die
Archetypen des Vaters, der Mutter und des göttlichen Kindes, nachdem man selbst Vater beziehungsweise Mutter geworden ist, bis schließlich das relativ distanzierte Lebensgefühl des alternden Menschen überhand nimmt, das sich
an Selbstfiguren wie dem alten Weisen und der alten Weisen zu orientieren sucht, die im Märchen auf der Höhe
wohnen und von Fall zu Fall, keineswegs mehr ständig von
überlegener Warte aus in die Geschichte eingreifen.

Erwartung

Die Adoleszenz

An erster Stelle möchte ich nun den großen Lebensübergang von der Kindheit zur Adoleszenz bedenken, eine typische Aufbruchsphase vor allem in der ersten Zeit der beginnenden Geschlechtsreife, die heute sehr früh beginnt, oft schon mit elf, zwölf Jahren. Man rechnet heute damit, dass sich die Adoleszenz bis in die zwanziger Jahre hinein ausdehnt, und unterscheidet die Pubertät nicht mehr als eine eigene Phase, sondern als Übergangszeit, die zur Adoleszenz gehört. Die Adoleszenz mit ihren Umschmelzungsprozessen bedeutet im übrigen die »zweite Chance« (Mario Erdheim), bis dahin vielleicht noch nicht ganz vollzogene Entwicklungsschritte der Kindheit nachzuholen. Hier kommen die »Züge«, die in der Kindheit versäumt wurden, gewiss noch einmal vorbei. Ein typischer Traum der frühen Adoleszenz ist der folgende Traum einer Vierzehnjährigen:

Das Elternhaus verlassen

»Bei Nacht und Nebel verlasse ich mein Elternhaus; es ist mir wichtig, dass ich dabei nicht gesehen werde. Noch stehe ich auf der Treppe vor der Haustür. Dann hebe ich ab und fliege in den Nachthimmel davon.«

Sie verkraftet es noch nicht, sich offen vom Elternhaus abzusetzen, andererseits ist sie bereits selbständig genug, um Geheimnisse auch für sich behalten zu können, was jüngere Kinder und Jugendliche oft überhaupt noch nicht können. Bei Nacht – dem Unbewussten, dem Versteckten nahe – wagt sie wie in einem Probehandeln das Wegfliegen. Fliegen bedeutet im Traum immer auch, sich über die bisherige Situation zu erheben, von ihr abheben zu können, die Schwerkraft der Wirklichkeit zu überwinden – und hängt oft, aber nicht immer mit der Fähigkeit zusammen, in eine Phantasiewelt auswandern zu können, die über die Mühsal der einzelnen Schritte in die Wirklichkeit hinaushebt. Hoch im Nachthimmel mag es nun zwar recht phantastisch sein, aber es ist gewiss auch einsam. Dennoch steht dieser Weg in die Ablösung altersgemäß an und will ins Bewusstsein treten.

Hexe und Riesin

Eine Sechzehnjährige muss im Traum beim Verlassen des Elternhauses sogar durch das Schlafzimmer ihrer Eltern hindurch – entsprechend den realen Wohnverhältnissen –, wird aber am Fenster bereits von einer Hexe erwartet, bei der sie sich hinten auf den Besen setzen und gemeinsam mit ihr abfliegen kann. Später durchschreitet sie als Riesin, die mit Leichtigkeit das Elternhaus und die Schule zertreten könnte, die Stadt, in der sie als Lernbehinderte so viele Demütigungen erfahren hat. Sie tut es aber nicht, es genügt ihr, die Macht zu haben, es zu tun.

Der Traum dieser Jugendlichen, die in psychologische Beratung kam, zeigt unmissverständlich, wie ihr die Eltern – auch die »Schlafzimmersituation« ihrer Eltern und deren schwierige Beziehung zueinander – den Weg ins altersgemäße, freiere Leben verstellen. Die Eltern, narzisstisch gekränkt durch die schulische Behinderung ihrer Tochter, gestehen dieser nicht die geringsten Freiheiten zu, wie es

zum Beispiel der abendliche Ausgang mit Gleichaltrigen
wäre, ignorieren vielmehr ihre Entwicklung zur ge-
schlechtsreifen jungen Frau und halten sie wie ein Kind.
Als müsste sie durch ihre Lernbehinderung gleich ganz und
gar von jeder Entwicklung ausgeschlossen sein! Deshalb ist
für sie der Kontakt zu einer Hexe sehr wichtig – sie gleicht
einer älteren, für junge Männer schon sehr attraktiven
Freundin –, bei der sie zunächst wie auf deren Rücksitz
»aufhocken« kann. Durch Kontakt mit den Hexeneigen-
schaften der Freundin, vor allem mit deren erotischer Zau-
bermacht, aber auch deren bereits gewonnener Autonomie
gegenüber den Eltern, wird sie selber in ihrer Phantasie
»powerful«, wächst zur Riesin heran, die, wenn sie wollte,
auch zerstörerisch werden könnte. Die Riesin ist eine
Überkompensation der Demütigungen, die ihr durch
Schule und Elternhaus, wie sie es empfindet, zugefügt worden sind. Die Fähigkeit zu destruktiv-aggressivem Handeln
gehört zur Adoleszenz, auch wenn sie nicht unbedingt zu
unkontrolliertem Ausbruch führen muss, wie es auch hier
nicht geschah. Dieser Traum löste jedoch bei der Sechzehn-
jährigen den starken Impuls aus, sich nicht länger als Kind
behandeln zu lassen und von den Eltern endlich die alters-
gemäßen Kontakte mit der im Traum vorkommenden
Freundin und mit jungen Männern zu erkämpfen.

In der Adoleszenz beginnt sich der sogenannte Ichkomplex immer mehr aus dem Vater- und Mutterkomplex he-
rauszulösen, aber auch aus dem Geschwisterkomplex. Der
Traum einer Frau, jetzt vierundzwanzig, der von ihrem
sehr geliebten jüngsten Bruder, derzeit sechzehn, handelt,
lautet:

Die Ablösung vom kleinen Bruder

»Mein kleiner Bruder, im Traum ist er höchstens sechs, gerät unter die Bohlen der Badeanstalt, wo er schwimmen lernt, und ertrinkt. Ich bin ungeheuer aufgeregt, ja entsetzt, außer mir und suche ihn tauchend, aber vergeblich unter den Bohlen jener Schwimmanstalt. Schließlich muss ich es aufgeben. Ich bin ganz verstört und sehr traurig. Als ich schließlich an Land komme, sehe ich, wie er als erwachsener junger Mann in Lederjacke an einem Tisch mit einer jungen Frau zusammensitzt und ihr lachend etwas erzählt.«

In diesem Traum ist es ganz deutlich, dass sie die alte zärtliche Beziehung zu dem kleinen Bruder zu lösen hat, er ist ihr »gestorben«, ertrunken, um ihn als erwachsen werdenden jungen Mann, der neue Beziehungsansprüche hat, ernst nehmen zu können. Ein Ablösungstraum!

Protesthaltung

In der Adoleszenz erlebt sich der junge Mensch bewusst als ein anderer Mensch als der, der er zuvor war, als einer, der sich deutlich von den Prägungen und Normen seiner Familie abhebt. Oft werden Aspekte, die zum Schattenbereich der bisherigen Familie gehörten, jetzt bewusst ins Leben einbezogen oder zunächst auch in gleichgeschlechtlichen Freundschaften oder in Peergroups gesucht und gefunden. Was der Herkunftsfamilie und deren Normen, deren Werten widerspricht, gerade das wird attraktiv. So schwärmt die Tochter einer unbürgerlichen Familie mit alternativer Bodenwohnkultur für ein bürgerliches Sofa und erklärt es zu ihrem größten Wunsch. Um einiges einschneidender ist es noch, wenn sich die Tochter eines aus der Kir-

che ausgetretenen Elternpaares einer christlichen Jugend-
gruppe anschließt und mit dem Entschluss herausrückt,
Theologie zu studieren. Noch betroffener macht es, wenn
der Sohn eines Linken aus der 68-er Bewegung zu Skin-
heads stößt.

Bei aller Schmerzlichkeit und im letzten Fall auch politischen Bedenklichkeit solcher Aktionen sollten die Eltern
das Phasenbedingte solcher Ablösungsversuche nicht übersehen und sie nicht grundsätzlicher nehmen, als sie sind,
ihnen vielmehr mit ruhigen Argumenten, mit einer Prise
Humor und vor allem mit Gelassenheit zu begegnen suchen. Manchmal korrigiert die Protesthaltung der Adoleszenz auch eine Einseitigkeit in der Einstellung der Eltern,
die wahrzunehmen dem ganzen Familiensystem gut tut.

Das gekochte Mädchen

So erlebt eine Achtzehnjährige, die sich bis zur Essensver-
weigerung und schließlich Magersucht von ihren Eltern ab-
gegrenzt hatte, in ihrem Traum, wie eine entfernte Verwandte, die wegen ihres eigenwilligen Wesens der ganzen
Familie als Schreckbild galt, ein großes Feuer angemacht
hatte, über dem sie in einem altertümlichen Kessel Bade-
wasser aufheizte. Bei genauerem Hinsehen entdeckte die
Träumerin, dass jene Frau in ihrem Kessel ein junges
Mädchen baden ließ, in offenbar siedendem Wasser, in dem
es geradezu »kochte«. Die Träumerin rief entsetzt ihren
Vater herbei, um ihm zu zeigen, was jene schreckliche Person soeben anrichtete, doch der Vater reagierte überhaupt
nicht. Schließlich erhob sich jenes Mädchen, das im Kessel
saß, noch in Dämpfe gehüllt aus dem Wasser und ging als
schöne junge Frau mit einem Kind im Arm wie eine Erscheinung daraus hervor.

Bei näherem Bedenken des Traumes und den darin er-
scheinenden Gestalten zeigte sich erst, dass die von der Familie so sehr abgelehnte Verwandte, die im Traum den Kessel aufheizte, nicht nur exzentrisch, sondern auch eine sehr
originelle und ihre Weiblichkeit betonende Frau ist. Eben
diese heizte den Kessel an, in dem ein junges Mädchen offenbar gebadet, gereinigt, vielleicht aber auch »gargekocht«
werden sollte – offenbar, damit es zur erwachsenen jungen
Frau werden kann. Dieses Verwandlungsmotiv ist archetypisch und weit verbreitet. Schließlich entsteigt das Mädchen dem Bad, wobei es sich geradezu transformiert, in
Dampf auflöst und als eine andere Gestalt, eine schöne
junge Frau mit Kind, aus diesem Badekessel hervorgeht.
Die Verwandlung ist augenfällig.

Für das junge Mädchen enthielt dieser Traum, der sie
sehr bewegte und aufregte, eine doppelte Botschaft: Das
Mädchen im Kessel wird durch jenes Bad zur erwachsenen
Frau, dazu zur fruchtbaren. Dies alles geschieht unter den
Händen jener bisher so abgelehnten Verwandten, die aber
offenbar genau die Eigenschaften hat, die die Träumerin
selber zu ihrer Entwicklung benötigt und die sie zur Zeit
durch ihre Magersucht noch abwehrt, indem sie sich wei-
gert, weibliche Formen anzunehmen und damit eine Frau
zu werden. Der Vater, den die Träumerin in dieser Situation zu Hilfe ruft, dessen Empörung und Eingreifen sie he-
rausfordern möchte, reagiert nicht. Es ist deutlich, dass es
sich hier um die weibliche Reifung handelt, für die der
Vater sich nicht kompetent fühlt beziehungsweise es auch
wirklich nicht ist. Die sehr vatergebundene Träumerin erlebt hier, dass sie ein Stück weit ihren eigenen Augen und
Gefühlen trauen muss.

Für die Individuation junger Frauen scheint es mir besonders wichtig zu sein, dass sie sich in dieser Phase – selbst
wenn sie einen negativ besetzten Mutterkomplex mitbräch-

ten – nicht primär vom Vater und den Vätern bestimmen
lassen. Es könnte sich sonst in dieser für die Identitätsbil-
dung entscheidenden Zeit eine vom Männlichen abgeleite-
te Identität herausbilden. Die jungen Frauen würden sich
dann allzu stark von der Akzeptanz durch den Mann beziehungsweise vom männlich geprägten Geist in Ausbildung und Studium abhängig machen. Auch bei negativ ge-
prägtem Mutterkomplex gibt es für die junge Frau den
Weg, sich der weiblichen Wurzeln zu vergewissern, zum
Beispiel über Frauenfreundschaften, weibliche Vorbilder in
Ausbildung und Beruf, vor allem aber durch einen inneren
Bezug zum Archetyp des Weiblichen, wie er in Traumge-
stalten – etwa der eben genannten – in Erscheinung treten
kann.

Auf der Ebene der Komplexe erlebt die Adoleszentin,
der Adoleszent, dass sie gerade jetzt, da sie sich von den Eltern ablösen möchten, deren Einstellung und Stimme oft
sehr genau in sich spüren. Ausgerechnet jetzt hören sie womöglich überdeutlich, was Vater, was Mutter zu einer augenblicklichen Situation sagen würden. (Für Eltern mag
das ein Trost sein!) Sie erleben auch, dass die Eltern intra-
psychisch gar nicht leicht abzuschütteln sind. Daraus ergibt
sich die besondere Spannung, die in dieser Phase daraus
erwächst, dass sie ihre Autonomie suchen und fordern und
doch noch in den Elternkomplexen gefangen sind, ja in der
Not der neuen Entwicklungsanforderungen oft gerade
nach Vater und Mutter rufen. So suchte in dem zuvor be-
sprochenen Traum die Träumerin ihren Vater einzubezie-
hen, während in dem folgenden Traum eines jungen Mannes die Mutter gerufen wird:

Löwen und Schlangen:
aufbrechende Triebimpulse

»Ich bin in der Wüste, niemand ist da. Ich habe große
Angst. Ich fürchte mich vor wilden Tieren, dabei denke ich
an Löwen. Ich überlege mir, wie ich wirkungsvoll mit Löwen umgehen könnte. Ich habe keine Waffen. Plötzlich
kommen viele Schlangen auf mich zu. Mich packt eine rie-
sige Angst. Ich rufe meine Mutter und erwache, als ich
mich rufen höre.«[1]

Triebe, symbolisiert als Löwen und Schlangen, bedrohen
das noch ungefestigte Ich. Bei der Mutter wird noch immer
Schutz gesucht. Mit dem Löwen erwacht aber auch das
Streben nach Autonomie, das dieses Tier verkörpert, das
Selbstbewusstsein, die Kraft und der Stolz, sich zu behaup-
ten. Am schlimmsten erschrecken ihn die Schlangen, Trieb-
komponenten, die sexueller Natur sind und andererseits
Symbol für die tiefere Weisheit des Lebens und vor allem
für Verwandlung. Schlangen häuten sich und vermögen
sich damit zu erneuern. Ihnen ebenso zu begegnen wie
dem Löwen ist von dem jungen Mann gefordert, der sich
zunächst noch an die Mutter klammert, gerade weil die
autonomen Bedürfnisse aufbrechen. Zu der Zeit ist ein
Mädchen in seinem Leben aufgetaucht, das ihm seine
Zuneigung nicht verhehlt. Wie in den meisten der Adoleszenten, entsteht bei ihm in dieser Zeit eine große Spannung zwischen dem aufkommenden Ich-Ideal von einem
mutigen, selbständigen, seiner sexuellen Attraktivität gewissen jungen Mann und dem jetzt verstärkt aufkommenden Erleben der eigenen Unzulänglichkeit und der Un-
reife.

Mit der Identität erwirbt der Jugendliche jedoch die psychosoziale Modalität der Treue (Erikson), vor allem der
Treue zu sich selbst. Erst die Identität im Sinne solcher

möglichen Treue zu sich selbst erschließt auch den Schritt
in die erste Intimität. Diesen Zusammenhang hat Erik
Erikson herausgearbeitet.[2] Es ist wie ein Lebensgesetz, dass
wir, wenn wir in Beziehung treten wollen, zunächst zu uns
selber Kontakt aufnehmen und um uns selber wissen müssen. Nach Jungscher Sicht gilt es, das gegengeschlechtliche
Seelenbild, die Anima beziehungsweise den Animus, in
sich wahrzunehmen und sich zu ihm in Beziehung zu setzen, ehe die Beziehung nach außen eingegangen wird.
Denn auch wenn eine äußere Beziehung aufgenommen
worden ist, wird sie nur dann entwicklungsfähig sein, wenn
jeder der beiden Partner zugleich zu seinem inneren Weiblichen oder auch Männlichen Kontakt aufnimmt.

Beziehungsfähigkeit gilt in diesem Alter als ein ebenso
hoher Wert, wie sie als problematisch erlebt wird. Die
selbst gewählten neuen Beziehungen werden zunehmend
wichtiger als die früheren, verwandtschaftlich vorgegebenen. Die Frauenbilder und Männerbilder der Seele, die geheimnisvollen Fremden, tiefenpsychologisch als Anima
und Animus bezeichnet, steigen aus der Latenz auf und
werden in der Projektion auf Personen des anderen Ge-
schlechtes erlebt, in erotischen und sexuellen Faszinatio-
nen. Ein Traum, der diesem Alter entspricht, sei berichtet:

Von jeher gekannt: das seelische Bild des Geliebten

»Ich treffe einen Piloten, der mich an den Schriftsteller Antoine de Saint-Exupéry erinnert, auf einer Pariser Straße.
Ich gehe sofort mit ihm und möchte mich nie mehr von
ihm trennen, ich habe das Gefühl, dass wir uns von ewigen
Zeiten her kennen.«

Das Bild dieses Mannes war offensichtlich in der Seele
jener Frau schon da, ehe der Mann auftaucht, in dem sie ihr

Seelenbild wiedererkennt. Es ist dies ein typischer Traum der Animusprojektion, auf die Jung immer wieder hinwies. Als diese Frau bei einem Frankreichurlaub einen französischen Piloten kennenlernt, wird dieses Bild in ihrer Seele aktualisiert, und es entsteht eine starke Liebesfaszination. Dass das Bild dieses Mannes auch ein Teil ihrer selbst sein könnte, kommt ihr in diesem Moment nicht in den Sinn. In ihrem Traum war ihr aber zugleich ihr Animus, ihre eigene Fähigkeit zu Kühnheit und Poesie begegnet, wie sie der Pilot Antoine de Saint-Exupéry verkörpert.

Wettreitend mit der Freundin

Andererseits sind in diesem Alter die gleichgeschlechtlichen Freundschaften wichtig, um sich jeweils in der Identität im Weiblichen oder im Männlichen verstärken zu können. Eine Siebzehnjährige zum Beispiel träumt sich reitend, wettreitend mit einer wunderschönen jungen Frau, die sie nicht einholen kann, die in ihr aber eine verzehrende Sehnsucht weckt und zugleich einen ungeheuren Antrieb, so gut reiten zu lernen wie diese.

In diesem Zusammenhang möchte ich nochmals Verena Kasts[3] These unterstreichen, dass sowohl Frauen von faszinierenden Frauenbildern, also Animabildern träumen können wie auch Männer von faszinierenden Männern, also von Animusgestalten. Anima und Animus bilden den Archetyp eines inneren Paares und damit der inneren Beziehungsfähigkeit und sind noch nicht erfasst, wenn sie bloß auf die Geschlechter aufgeteilt werden. So kann eine Frau von einer faszinierenden Zauberin oder Hexe träumen wie derjenigen, die den Verwandlungskessel anheizt, ein Mann von Figuren wie Parzival oder Merlin.

Das sich entfaltende Selbst des Adoleszenten macht sich

in Utopien bemerkbar, die für das eigene Leben entworfen werden. In meiner Jugend phantasierten wir uns in die wissenschaftliche Karriere einer Madame Curie hinein, in das karitative Lebenswerk einer Florence Nightingale – und sie erschienen uns im Traum. Diese Ideale sind natürlich generationenabhängig und schichtspezifisch, reichen von Sport-, Film- und Musikgrößen über die Gestalt von Tiefseeforschern wie Cousteau, Politikern wie Nelson Mandela bis zu Jesus Christ Superstar; es gehört jedenfalls zu diesem Alter, Stars, Heldinnen und Helden als Ich-Ideal zu haben. Der Archetyp des Heros ist konstelliert. Was an der Übergangskrise der Adoleszenz von außen gesehen als ein faszinierender Aufbruch und Umbruch erscheint, wird von den Betroffenen selbst freilich als schmerzlicher Wandlungsprozess erlebt.

Andererseits stellt die Adoleszenz auch ein »psychosoziales Moratorium« (Erikson[4]) dar, das durch die in den Industriegesellschaften in die Länge gezogenen Ausbildungszeiten, die Berufs- und Stellensuche bedingt ist und entsprechende Folgen, aber auch Chancen für die psychische und soziale Entwicklung hat – als eine Periode sexueller und kognitiver Reifung und gleichzeitig als ein sanktionierter Aufschub vor endgültiger Verpflichtung. Dieses Moratorium erlaubt eine relative Ellbogenfreiheit für Rollenexperimente, auch im sexuellen Bereich, Experimente, die letztlich für eine regelmäßige »adaptive Selbsterneuerung«[5] der Gesellschaft als ganzer nicht unwichtig sind. Denn sie profitiert auch von den Experimenten ihrer Jugend!

Vor allem ist es die Begegnung mit dem Tod, die für junge Menschen eine Grenzerfahrung und ein Übergangserlebnis besonderer Art darstellt, das aber – zusammen mit der Erfahrung der eigenen Sexualität – unabdingbar in die Phase der Adoleszenz gehört. Schon auf den ersten Seiten der Bibel gehören die erste Begegnung zwischen Adam und Eva, Sexualität und Tod zusammen (Genesis 3).

Es ist eine Probe darauf, ob das bisherige Lebensvertrauen weit und tief genug ist, um den Schrecken des Todes aufzufangen. Eine Jugendliche von achtzehn Jahren hatte ihren Freund bei einem Verkehrsunfall verloren. Sie erzählt:

Der Tanz mit dem Todesengel

»Im Traum steige ich im Winterwald über endlos viele umgestürzte Baumstämme, bis ich endlich auf eine stille Lichtung gelange, auf der viele Menschen erwartungsvoll stehen oder kauern. Auf einmal wird laut ausgerufen: ›Wer wagt es, mit dem Tod zu tanzen?‹ Entsetztes Schweigen überall, über lange Zeit hin – bis ich hervortrete und es wirklich wage. Empört und voller Hass möchte ich dem Tod entgegentreten, der mir den Freund genommen hat – doch als er zu mir tritt, ist er ein wunderschöner Engel, der mich mit unergründlicher Güte anblickt. Ehrfurcht steigt in mir auf.«

Erst beim Erwachen weiß die Träumerin, dass der Todesengel dem Engel einer Ikone glich, den ihr der Freund als liebevolle Weihnachtskarte kurz vor seinem Tod geschickt hatte. Dieser Traum bietet ein Beispiel dafür, wie aus dem Bild, das den letzten liebevollen Gruß des Freundes begleitete, im Unbewussten dieses sehr erschütterten Mädchens ein gütiger Todesengel hervorging, eine Begegnung, die ihr einen ersten Zugang zu Transzendenz und Spiritualität eröffnete. Viele junge Menschen sind in den erschütterbaren und aufbruchsbereiten Jahren der Adoleszenz dafür besonders durchlässig. Der gütige Todesengel war aus der guten Beziehungserfahrung der beiden jungen Leute aneinander erwachsen, aus einem Gefühl des Bejahtseins, das Lebensvertrauen weckte, so dass es sogar imstande war, den Trennungsschrecken zu überbrücken. Hier erwirkt die »transzendente Funktion« der Psyche ein Traumbild, das tatsächlich in die Transzendenz hinüber weist.

Bewegend ist für mich auch der Traum eines Achtzehnjährigen, dessen engster Freund bei einer gemeinsamen Unternehmung tödlich verunglückte. Wenige Wochen später träumte er:

Weiterleben – auch für den verunglückten Freund

»Auf der Beerdigung meines Freundes, an der alle Menschen teilnehmen, die ich kenne, trete ich nach vorne und verkünde laut, ich sei an seinem Tod schuld. Auch wenn ich nicht erkenne, worin diese Schuld besteht, soll auch ich mit dem Tod bestraft werden. Ich bin bereit, mich in dieses Schicksal zu ergeben – bis ich schließlich die Stimme meines Freundes höre, die leidenschaftlich gegen dieses Urteil spricht, für mich und mein Leben plädiert. ›Gerade jetzt musst du leben‹, sagt er, ›für mich mit.‹«

Ein entsetzliches Schuldgefühl suchte diesen jungen Mann nach dem Absturz seines besten Freundes heim, obwohl objektiv keine Schuld zu erkennen war und er selbst nicht wusste, worin seine Schuld bestehen sollte. Dass es so etwas gibt wie eine »Überlebensschuld«, berichten uns viele Menschen, die überlebt haben, während andere in der gleichen Situation umkamen. Das Thema Schuldigwerden ist in der wertsuchenden und oft hochmoralisch reagierenden Adoleszenzzeit überhaupt sehr aktuell. In diesem Traum werden die Schuldgefühle jedoch dadurch gebannt – die transzendente Funktion des Traumes! –, dass der Verstorbene selber eingreift und die angedrohte Todesstrafe in eine Aufforderung an den Freund verwandelt, jetzt gerade zu leben, sozusagen für den verstorbenen Freund mit. Ein Jahr später schenkt der Verstorbene dem Überlebenden im Traum das Buch eines ihrer gemeinsamen Lieblingsautoren, in dem junge Menschen vorkommen, deren Lebenswille aus den schuldhaften Erlebnissen des Krieges heraus etwas Neues, Versöhnendes aufzubauen vermag.

Dieses Traumthema eines Lebensübergangs ist mit der Symbolik einer unverbrüchlichen, gleichgeschlechtlichen Freundschaft verbunden, einem der großen Themen der Adoleszenz, das bei Mädchen und jungen Frauen eine mindestens gleich große Rolle spielt wie bei den jungen Männern und das für die Frauen in den folgenden Jahren oft sogar ein noch größeres Gewicht bekommt.

Verwirklichung

Das frühe Erwachsenenalter

Doch jedem Anfang wohnt ein Zauber inne,
der uns beschützt und der uns hilft zu leben.

HERMANN HESSE

Die Übergangskrise von der Adoleszenz zum frühen Erwachsenenalter, das man heute von 25 bis 40 ansetzt, kündigt sich in charakteristischen Träumen an: Nach einer Zeit, in der sie sich gänzlich im Hochleistungssport verausgabt hat, träumt eine 21-jährige Frau:

Motorwechsel angezeigt

Sie setzt sich in ihr Auto, betätigt den Anlasser. Das Auto springt nicht an. Der Anlasser ist wohl kaputt. Das wundert sie, da das Auto noch neu ist – und sehr gut in Schuss. So öffnet sie die Motorhaube. Der ganze Motor ist verschwunden, ausgebaut. Ihr Betreuer im Sportclub, der plötzlich auch da ist, sagt ganz leichthin: Der musste doch dringend zur Revision. Sie ist erstaunt, dass sie davon nichts weiß. Niemand hat ihr etwas gesagt. Sie erwacht sehr verwirrt.[1]

Nachdem sie den Traum ganz cool erzählt hat, kommt der Träumerin beim Nacherleben die ganze Panik, die sie im Traum spürte, noch einmal zum Bewusstsein: »Das Auto springt nicht mehr an. Es ist wie tot. Mich hat das

enorm erschreckt. Ich weiß gar nicht, warum ich jetzt sage,
es sei wie tot gewesen, einen Anlasser kann man ja reparieren, das kommt halt vor, dass einer nicht mehr funktio-
niert ...«

Bezieht sich der Traum nur auf den Anlasser, nur auf ihr
Auto? Zwar hat sie sich erst vor kurzem wirklich einen
»schnellen, kleinen Flitzer« gekauft, wie sie ihn nennt, der
in Wirklichkeit völlig intakt ist und es auch sein muss, darauf spielt ihre Verwunderung in dem Traum auch an.
Doch bezieht sie selber diesen Traum auf ein anderes reales
Erlebnis, das sie ein paar Tage zuvor auf das Heftigste erschreckt hat: Beim Start zu einem 100-Meter-Lauf kam sie
einfach nicht hoch, stattdessen stürzte sie nach wenigen
Schritten zu Boden – es überkam sie eine Ohnmacht, die
zwar nur kurz andauerte, aber ihr ganzes Selbstgefühl
durcheinander brachte. Noch im Nacherleben wundert
sich die Träumerin, dass niemand sie vorgewarnt hat, dass
das Auto nicht mehr intakt sei. Sie findet, dass der Trainer
sie doch hätte darauf hinweisen müssen, für sie komme
alles so plötzlich, so plötzlich wie der gesundheitliche Einbruch. Auch Lebensübergänge pflegen sich so anzukündi-
gen. Die Botschaft des Traumes ist unüberhörbar: Dieses
Auto, ein sehr schneller Wagen, Symbol ihres Selbstverständnisses, kann nicht mehr flitzen, sondern muss zur Re-
paratur gebracht werden. Es geht sogar noch um mehr: um
die Auswechselung des ganzen Motors. Die Betätigung des
Anlassers hilft gar nichts, wenn der Motor ausgebaut ist.
Ihr Lebensmotor also muss ausgewechselt werden.

Da sie beim Nacherleben vor allem ihren Körper, der
bisher Hochleistungen erbringen konnte, mit diesem Auto
identifiziert, kommt ihr der Gedanke, dass sie sich wohl für
einige Zeit vom Wettkampfsport zurückziehen, vielleicht
überhaupt eine neue Lebensorientierung überlegen solle.
Es geht hier ja offenbar darum, den ganzen Motor auszu-

wechseln. So macht sie sich Gedanken darüber, weshalb ihr Leben bisher allein im Dienste des Sports stand und was es für sie bedeuten würde, ihre Karriere abzubrechen. In den anschließenden Gesprächen wird deutlich, dass schon seit einiger Zeit eine lähmende Angst in ihr aufkam, wenn sie sich vorstellte, dass die sportliche Zukunft in ihrem Leben wirklich der zentrale Wert werden sollte, ein Lebensentwurf, der sich ja nur dann erfüllen ließe, wenn sie ihre Leistungen bis zum Äußersten steigerte und wirkliche Siege erbrächte. Zugleich machte ihr diese Vorstellung in wachsendem Maße Angst: Was würde aus ihrem übrigen Leben, aus den persönlichen Beziehungen, aus anderen Berufswünschen und Begabungen, wenn die gesamte Kraft in den Sport flösse? Drei Wochen nach dem Traum von dem ausgebauten Motor träumte sie, dass nun ihr ehemaliges Auto ein zuverlässiges, nicht übertrieben schnelles Auto, wieder vor ihrer Haustür stehe. So stieg sie ein und fuhr damit los. Mit dem früheren Wagen kam auch ihre frühere Einstellung wieder auf, sich in ihrem Leben in einem normaleren Tempo zu bewegen und sich dafür auch anderen Zielen als denen des Hochleistungssports wieder widmen zu können.

Die Berufsrichtung finden

Neue Ziele tun sich einer nur um wenige Jahre älteren, derzeit fünfundzwanzigjährigen Studentin auf, die das Studienfach Psychologie gewählt hat und nun die ihr entsprechende Berufsrichtung sucht. Ihr Traum weist ihr eine unerwartete Perspektive:

»Am Waldrand treffe ich einen Fuchs. Neugierig folge ich ihm. Schließlich führt er mich in eine wunderbar geheimnisvolle Wasserlandschaft. Auf einmal überlege ich mir: Warum folge ich eigentlich schon die ganze Zeit diesem Fuchs? Und ich frage ihn: ›Mich nimmt wunder, warum ich dir eigentlich die ganze Zeit schon folge?‹ Da wendet er seinen Kopf zu mir und sagt: ›Merkst du denn nicht, wer ich bin?‹ In dem Moment erkenne ich Carl Gustav Jung an seinen lustig-listigen Augen. Doch da verschwindet er auch schon. Bald darauf erkenne ich ein Schiff in Seenot und muss durch Rettungsschwimmen einige der über Bord Gegangenen auflesen.«[2]

Dieser Lebensübergang beginnt mit einer eigentümlichen Faszination der Studentin durch den Fuchs. Auf eine fast selbstverständliche Weise wird er ihr zum Führer. Er führt sie zu einer geheimnisvollen Wasserlandschaft, in der sie sich wesensmäßig wiedererkennt. Für sie ist ein Sommer ohne Aufenthalt am Wasser undenkbar, ob es sich nun um die Seen des Voralpenlandes oder um das Meer selber handelt. Beim Blick in die Weite der Wasserspiegel kommen ihr die entscheidenden Inspirationen. Noch mehr zieht sie die Tiefe des Wassers an, über der sie gerne schwimmt, in die sie eintaucht, um sich von dem phantastischen Leben dort faszinieren zu lassen. Schon öfter hatte sie Träume gehabt, in denen Zeit und Raum ihre sonstige Eindeutigkeit verloren, als sie unter der Oberfläche des Wassers schwamm. Vom Fuchs zu einer geheimnisvollen Wasserlandschaft geführt, gelangt sie durch sein Geleit in eine Region, die zugleich eine Seelenlandschaft ist.

Erst jetzt wird ihr bewusst, wie intuitiv sie diesem Tier folgt, und es entsteht der Impuls in ihr, das Tier näher zu betrachten. Vom gleichen Impuls bewegt – der Fuchs ist ja, subjektstufig betrachtet, nichts anderes als die Instinktseite der Träumerin selber – hebt er jetzt auch seinen Kopf und gibt sich zu erkennen. Da erkennt sie auch: Dieser Fuchs gleicht niemand anderem als Carl Gustav Jung. Jungs lustig-listige Augen, die sie von vielen Fotos von ihm kennt, sind das Erste, was der Studentin zu der Verwandtschaft

zwischen Jung und diesem Fuchs auffällt. Zwischen ihm
und dem Fuchs findet sie aber noch weitere Vergleichs-
punkte: Ging es nicht auch ihm wie einem Fuchs um so
etwas wie ein »Sehen in der Nacht«, um ein Einbeziehen
des Unbewussten und eine entsprechende therapeutische
Praxis? Ein »Fuchs« ist er für sie auch insofern, als er für
die Gestalt des Tricksters eine Menge übrig hatte und die
Tricks, mit denen man festgefahrene Therapien wieder in
Fluss bringen kann, nicht verachtete. Einer geistig-seeli-
schen Faszination wie einer Fährte folgend, gerät sie an
Orte, die sie sich »nicht hätte träumen lassen«.

An diesem Traum spürt die Studentin zum ersten Mal,
dass sie sich unbewusst schon längst auf die Fährte der
Jungschen Psychologie begeben hat und sie ihr mehr bedeutet als sie sich bisher klargemacht hat. Sobald sie in dem
Fuchs Jung erkennt, wird sie auch schon von ihm verlassen
und dazu herausgefordert, selbst rettend einzuspringen. Insofern hat sie diesen Fuchs-Jung in sich zu integrieren.

Sie sagt dazu: »Man lässt sich auf ihn ein und ist plötzlich
an einem Ort, an den man gar nicht gerne wollte. Ich musste dort gleich rettungsschwimmen und Leute aus einem
Schiff herausholen, während das Meer tobte ...« Sie darf
diesem nun identifizierten Fuchs, der therapeutischen
Kraft C. G. Jungs nicht länger nur neugierig nachlaufen. Es
gilt vielmehr, das neu Entdeckte in einer Seenotsituation zu
erproben und zu bewähren. Menschen in Seenot sind, symbolisch verstanden, zugleich Menschen in seelischer Not,
wie das stürmische Meer ein Bild für das aufgewühlte Unbewusste ist, das einen Menschen überwältigen kann.

Objektstufig verstanden spielt dieser Traum darauf an,
dass für die Studentin das faszinierte Sich-Einlassen auf die
Tiefenpsychologie Jungs auch mit einer Motivation, selber
die Ausbildung zur Psychotherapeutin zu durchlaufen, ge-
koppelt ist. Die Faszination durch das Unbewusste will

also in eine Motivation übergehen, Menschen in seelischer Seenot beistehen zu lernen. Subjektstufig weist das Bild auch darauf hin, dass seelische Anteile der Träumerin selber in Seenot geraten waren, seit sie auf das stürmische Gewässer des eigenen Unbewussten ausgefahren war. Hier zeigt der Traum auch, wie beherzt das Traum-Ich einzugreifen und zu retten vermag.

In Gestalt des »alten Fuchses« C. G. Jung, wie sie ihn respektvoll-ironisch nennt, hat das Unbewusste begonnen, sie selbst zu faszinieren und zu erschüttern. So kommt es, dass sie noch im gleichen Traum die ersten Schiffbrüchigen auf hoher See – in ihr selber – zu retten hat. Ein wenig Selbstkritik im Blick auf ihr bisher allzu unreflektiertes Herlaufen hinter der Faszination durch diesen »Fuchs«, durch C. G. Jung und seine Psychologie, ist in diesem Traum natürlich auch enthalten. Doch begegnete ihr im Fuchs der Therapeut in ihr selber, der mit ihr geht, damit sie ihren Weg durch den bevorstehenden Lebensübergang finden und in einer klaren Berufsrichtung realisieren kann.

Die Kraft der Seele – jenseits des Ministrantendienstes

Eine neue, von eigener Erfahrung geprägte Richtung seines religiösen Erlebens, eine Schwellenüberschreitung seiner katholischen Erziehung durch Annäherung an östliche Meditation und Naturmystik erlebt ein 24-Jähriger Student in seinem Traum:

»Ich bin in unserer Dorfkirche, es ist Messe – ich bin Ministrant, obwohl ich viel zu alt dazu bin. Ich fühle mich richtig deplatziert, weiß aber nicht, ob ich mich drücken kann. Plötzlich ein Durcheinander in der Kirche. Irgendwie eine Schlägerei. Ich versuche, die Parteien zu trennen, damit ich weiß, wem ich helfen soll. Das gelingt mir nicht. Der Grund für die Schlägerei ist eine große Kuh, die mit Rollschuhen durch die Kirche fährt. Die einen wollen sie offenbar einfangen, die anderen wollen sich an ihr freuen. Ich rufe laut: ›Jetzt seht ihr, dass ich nicht gelogen habe!‹ (Ich erinnere mich während des Träumens, schon einmal von einer Rollschuh laufenden Kuh geträumt und das dem Pfarrer erzählt zu haben, der mich aber getadelt und gesagt hat, das sei doch gar nicht wahr, das könne man nicht träumen.) Hochwürden versucht, die Kuh mit der Monstranz zur Vernunft zu bringen. Das geht aber nicht. Plötzlich ist Ruhe – alle schauen zum Altar. Da steht ganz ruhig und versammelt ein würdiger alter Mann, ganz in Gelb gekleidet, ein Würdenträger. Jetzt ist Ruhe und Sammlung da.«[3]

Der Träumer fügt seinem Traum noch hinzu: »Nach dem Traum hatte ich das Gefühl, dass ein großes Problem gelöst sei, weil dieser Würdenträger aufgetaucht ist. Gelb erinnert mich an den Löwenzahn auf der Alb. Irgendwie hatte ich das Gefühl, der gelbe Mann sei ein Chinese oder ein indischer Mönch. Das Gelb strahlte etwas aus, Licht, Ruhe. Hochwürden ist überhaupt nicht würdig verglichen mit diesem gelben Würdenträger.«

Die Kuh also will mit hinein in die Kirche. Als Symbol der Natur und des Mütterlichen, Weiblichen, als mobile Kuh. Die Meditation will hinein, die Stille, die Erfahrungsweise des Ostens, und doch bleibt es der Raum der christlichen Kirche, erweitert um eine ganze Dimension. In dem Traum will in die christliche Kirche hinein, was bisher nach dem Empfinden des jungen Mannes aus ihr ausgespart war. Der junge Mann aus den Bergen, der ein begeisterter Ministrant gewesen war, war am Studienort in Kontakt mit Meditation und auch mit Naturmystik gekommen. Etwas schamvoll erkennt er, dass er zu Beginn des Traumes, erwachsen wie er ist, noch ganz in der Rolle des Ministranten

steckt, er ist aber viel zu alt dazu. Zugleich hat ihn als Ministrant doch eine religiöse Erfahrung berührt, die er nicht
einfach über Bord werfen will, obgleich sie nicht mehr zu
seinem erweiterten Bewusstsein passt. Es kommt nun alles
darauf an, diese erweiternden Tendenzen ins Bewusstsein
zu heben und wirklich ins Leben hereinzuholen, dann können sie ihre heilende Kraft entfalten, andernfalls würde das
bisherige Gottesbild, an dem sie sich orientiert, ihn in seiner Entwicklung beengen.

Interessant ist, dass im Traum zwei Parteien in der Kirche sind, von denen die eine sich durchaus am Erscheinen
der Rollschuh laufenden Kuh freuen will, offenbar aus dem
Gefühl heraus, dass sie durchaus in die Kirche gehört. Die
andere Partei ist die konservative, die so etwas als Störung
des bisherigen kirchlichen Lebens und des Gottesdienst-
verlaufs empfindet. Die Schlägerei zeigt an, dass beide
Kräfte in dem Träumer zunächst miteinander kämpfen und
auch er zunächst noch gar nicht weiß, auf welche Seite er
sich schlagen soll. Der Geistliche, der dem Phänomen der
Kuh wie in einem Abwehrzauber die Monstranz entgegen-
hält, kann die Lage nicht meistern. Geklärt wird sie erst, als
der gelbe Würdenträger ins Zentrum tritt. Das Gelb als die
Lichtfarbe strahlt etwas Erleuchtendes aus, dazu Ruhe und
Sammlung. Der Traum markiert für den jungen Mann den
Übergang in eine neue Qualität seiner Religiosität, in der es
um persönliche, meditativ und mystisch durchdrungene
Erfahrung geht. Der Ministrantendienst im traditionellen
Gottesdienst erwies sich für seinen jetzigen Weg und seine
Bewusstseinsentwicklung als zu unerwachsen. Im gelben
Würdenträger erscheint hier bereits ein Bild des alten Wei-
sen, so wie sich in der Rollschuh laufenden Kuh eine
Wandlung des Mutteraspekts andeutet, der mobil gewor-
den ist und in das bisherige Gehäuse seiner Religion, seiner
»Mutter Kirche« befreiend und verwandelnd eindringt.

Von der Schwierigkeit, im Leben zu landen

Die Schwelle zum dreißigsten Jahr erscheint als eine besonders prägnante Schwelle, da sie den Übergang von der Beliebigkeit der bis dahin unbegrenzt scheinenden Lebensmöglichkeit hin zu verbindlicheren Entschlüssen und Beziehungen markiert. Es geht dabei um das Ende einer Experimentierphase und den Beginn des Lebensthemas Verbindlichkeit. Ist diese Schwelle überschritten, erscheinen die Jahre zwischen dreißig und vierzig im Vergleich zur Adoleszenz eher als eine Phase der Konsolidierung.

In Ingeborg Bachmanns Erzählung »Das dreißigste Jahr«[4] wird diese Schwellensituation anschaulich geschildert. Der Held, der nicht zu sich selber zu finden vermag, sondern bis dahin von einer Möglichkeit in die andere geworfen wird, von einem Beziehungsversuch zum anderen, kommt erst dann zu sich, als ein Gleichaltriger, der schon viel mehr zu sich gefunden hat, bei einem gemeinsamen Verkehrsunfall der beiden ums Leben kommt. Von dem Moment an wacht er zu seinem eigenen Leben auf.

Die Schwierigkeit, im realen Leben zu landen, stellt ein ausgesprochenes Problem beim Dreißiger-Übergang dar. Ein 34-jähriger Mann, der die Schwelle eigentlich schon überschritten haben könnte, träumt:

»Ich fliege. Ich kann es ganz gut. Es ist eine alte Kiste, wie man sie aus Kriegsfilmen kennt, ich mit Lederkleidung und Schutzbrille. Das gefällt mir sehr gut. Jetzt sollte ich landen, einfach um wieder einmal auf dem Boden zu sein, ich weiß nämlich nicht, wo ich bin. Wenn ich lande, wird es mir schon jemand sagen. Ich finde den Hebel nicht zum Landen. Ich stelle mir vor, dass irgendwann das Benzin ausgeht und ich dann ganz gemächlich herunterschwebe.«[5]

Beim Erzählen ergänzt der Träumer: »Erst beim Aufwachen fällt mir ein, dass ich ja auch abstürzen könnte, so wie in den Kriegsfilmen, wenn eine Maschine ins Trudeln kommt und nicht mehr abgefangen werden kann. Da habe ich mich recht erschrocken, aber im Traum war das alles überhaupt kein Problem.«

Der Träumer tut sich tatsächlich schwer, in seinem Leben, einem Beruf, einer Wohnung oder gar einer Beziehung zu »landen«. Quälend erlebt er den Zweifel, die Angst, etwas zu verpassen, wenn er sich einmal für etwas oder für jemanden entscheiden würde. So spielt er mit allen möglichen Lebensentwürfen. Hier im Traum fliegt er in einem nostalgischen Kriegsflugzeug, einem Gerät, für das er ebenso schwärmt wie für die damals äußerst geschickten Flieger, doch ist es unübersehbar eine »alte Kiste«, also ein Fluggerät aus einer für ihn bereits vergangenen Zeit, aus dem Kriege, also aus konflikthaften Auseinandersetzungen, die eigentlich, so sagt die Herkunft des Flugzeugs aus der Kriegszeit, bereits hinter ihm liegen sollten. Er weiß aber einfach nicht, wie er auf den Boden kommen soll. Auch kennt er den dafür vorgesehenen Hebel nicht. In seiner Phantasie verlässt er sich sozusagen darauf, dass eine natürliche Landung infolge Benzinmangels geschehen wird. Beim Aufwachen erst merkt er, wie unrealistisch diese Vorstellung ist und dass es schiefgehen könnte, wenn er sich darauf verlässt. Aus seinen Assoziationen wird deutlich, dass er bisher mit einem nostalgischen Heldenbild und mit der Vorstellung identifiziert gewesen war, sich aus jeder Gefahr retten zu können. Mit dieser Identifikation verhinderte er lange Zeit die natürliche Beunruhigung darüber, dass ihn sein Lebensstil, so abenteuerlich er auch war, doch auch unbefriedigt ließ, ihn einsam machte und ihn bisher am Eingehen einer verbindlichen Beziehung oder an einem beruflichen Engagement gehindert hatte. Noch immer unter dem Anspruch des Heros-Archetyps stehend, ringt der junge Mensch in dieser Phase darum, die knapp errun-

gene Identität und Bewusstseinsstufe nicht wieder einzu-
büßen und seine Individuation mit einer gewissen Selbstverwirklichung im beruflichen Beziehungsbereich verbinden zu können.

Das ungespielte Cello

Ein etwa gleichaltriger junger Mann findet sich im Traum
im Zuschauerraum vor, von wo aus er dem Konzert
lauscht, während er sein eigenes Cello neben sich im Dunkel stehen hat. Angesichts dieses Traumes wurde ihm klar,
wie sehr er sich bisher im Zuschauerraum des Lebens auf-
gehalten hatte und sowohl seine Kunst Cello zu spielen wie
auch Gefühle zu zeigen zurückgehalten hatte. In einem der
darauf folgenden Träume prallt denn auch das Flugzeug,
mit dem er seine Freundin nach Amerika fliegen sieht,
gegen ein Hochhaus und stürzt ab.

In der Tat verliert er seine Freundin, die nach der Trennung von ihm auswandern will, endgültig daran, dass sich
ihr das Hochhaus – es ist wohl das Hochhaus seiner über-
höhten Vorstellungen von dieser Beziehung – in den Weg
stellt und damit dem Flugzeug den Weg abschneidet. Im
Traum »lässt« er ja beides, ihr Flugzeug und sein Hochhaus, aufeinander prallen. Auch wenn wir für unsere Träume nicht bewusst verantwortlich sind, entstehen sie doch
nicht ohne uns, sondern spiegeln eine unbewusste Tendenz
unserer Psyche getreu wider.

Vom Mut, Überlebtes niederbrennen zu lassen

Der Traum einer 35-jährigen Frau, der einen wirklichen Aufbruch in eine neue Lebensphase zeigt, lautet:

»In einer großen Altbau-Etagenwohnung, von der ich weiß, dass es meine Wohnung ist (obwohl ich in Wirklichkeit ganz anders wohne), habe ich überall festliche Kerzen angezündet. Es ist mir zumute, als stünde etwas Wichtiges bevor, als wäre etwas zu feiern. Auf einmal fängt der Vorhang im Wohnzimmer Feuer. Anstatt ihn zu löschen, schaue ich sehr ruhig zu, wie das Feuer sich ausbreitet. Schließlich verlasse ich die Wohnung, gehe die Treppe hinunter, hinaus auf die Straße, und laufe ruhig weiter bis hinaus auf das freie Feld vor der Stadt. Erst hier, am Rande eines frisch aufgepflügten Ackers, bleibe ich stehen und schaue zurück auf die Stadt. Der Feuerschein über meinem bisherigen Haus erfüllt mich mit einer schmerzlichen Abschiedsstimmung, aber zugleich mit einem erhobenen Gefühl, als hätte ich zwar etwas Verruchtes getan, aber zugleich etwas Wesentliches geschafft oder bestanden.«[6]

Die Träumerin ist nach dem Erwachen selber darüber erschrocken, dass sie es riskiert, diese alte Wohnung niederbrennen zu lassen. Zugleich ist sie noch immer von dem erhobenen Gefühl erfüllt, dass etwas Wesentliches in ihrem Leben geschehen und vollbracht sei. Nach längeren Jahren des Festhaltens an einem alten Beruf, einem alten Lebensstil ist der Träumerin bewusst geworden, dass der Altbau, das bisherige Gebäude ihres Lebens, nicht mehr adäquat ist und nicht mehr gehalten werden kann. So leitet sie im Traum einen quasi rituellen Abschied ein, indem sie überall festliche Kerzen anzündet, aus dem Gefühl heraus, eine Phase in ihrem Leben gehe zu Ende. An dem herunterbrennenden Licht der Kerze entzündet sich der Vorhang des Wohnzimmers, also ein Teil, der bisher ihren Innenraum schützte, und von dort breitet sich das Feuer aus. Die Situation, die sonst Panik und Eingreifen erfordern würde, wird hier in aller Ruhe hingenommen, ja mit dem Gefühl, etwas »Verruchtes, aber Wesentliches« zu tun, wie die Träumerin es nachträglich beschreibt. Ohne Panik verlässt sie die Wohnung und erlebt aus der Entfernung am Rande eines frisch gepflügten Ackers, wie ihr altes Haus von den Flammen zerstört wird. Der frisch gepflügte Acker, der ihr im Traum so deutlich erscheint, zeigt an, dass hier ein neuer Boden gefunden werden muss und kann, da, wie das Traumbild zeigt, der Acker bereits aufgepflügt ist, um den Samen für Neues aufzunehmen. Der Schmerz des Abschieds von etwas Liebgewordenem, an dem sie lange, allzu lange festhielt, verbindet sich nun mit dem Gefühl, dass die Situation reif, ja überreif sei für etwas Neues. Die Träumerin wechselt in der Folge ihren Beruf, zieht in eine neue Stadt und in einen neuen Lebenskreis um.

Die Aufgabe der Gestaltung

Das Erlebnis, etwas bewirken zu können, und die Gestaltung des Alltags treten im frühen Erwachsenenalter zunehmend an die Stelle der bloßen Ideen von einem erstrebenswerten Leben. Dieses Umdenken und diese Umstellung ist in dieser Phase vom Einzelnen gefordert. Wer diese Entwicklungsaufgabe nicht einlösen kann, wer diesen »Zug« verpasst, den überkommt unübersehbar ein vages Gefühl des Ungenügens. Hierbei spreche ich bewusst nur das an, was die einzelne Lebensphase jeweils ermöglichen könnte und damit auch fordert. Die eigene Identität wird im Verlauf der Zeit immer stärker gefunden, auch gefestigt. Bedingung dafür ist allerdings, dass man seinen Platz im Beruf und schließlich in Beziehung und Familie findet.

Die erhöhten Schwierigkeiten in den letzten Jahren, einen Ausbildungs- und Arbeitsplatz zu bekommen, erweisen sich hier als ein besonderes Problem für eine ganze Generation, die hierdurch in ihrer phasengerechten Entfaltung behindert wird. Falls keine Aufgaben im Beruf gefunden werden können, erscheint es kaum möglich, die in dieser Lebensphase anstehenden Entwicklungsaufgaben einzulösen. Es entsteht jedenfalls die Notwendigkeit, sich selbst eine befriedigende Lebensaufgabe zu suchen, sei es eine schöpferische oder künstlerische Aufgabe oder ein wagemutiger Einsatz für das größere Ganze, zum Beispiel im Rahmen von Greenpeace-Aktivitäten oder des Entwicklungsdienstes. Davon fühlen manche sich aber überfordert.

Der Elternarchetyp wird in dieser Lebensphase in neuer Weise wirksam werden, indem einerseits eine neue, vielleicht letzte Runde in der Ablösung vom Vater- und Mutterkomplex durchschritten wird, da die junge Generation in dieser Phase selber Kinder erwartet und bekommt, selber zur Elterngeneration wird. Im erwachenden Kinderwunsch und in der Sorge um die eigenen Kinder wird der Elternarchetyp vielfach virulent, doch wirkt er auch in der Verantwortung um symbolisch verstandene Kinder, um anvertraute junge Menschen – Auszubildende, Schüler, Studenten – und letztlich um eigene, innere Möglichkeiten. Doch werden die eigenen inneren Möglichkeiten in dieser Phase noch überwiegend auf die realen Kinder und auf Schüler projiziert. Allenfalls bei Singles und Kinderlosen richtet sich das Sorgetragen bereits auf eigene innere Chancen, denen man gleichsam zu Vater und Mutter wird. Gleichzeitig wird die eigene Individuation in diesem Alter auch bezogener und überhaupt als etwas Gemeinsames verstanden, indem man zum Beispiel auch dem Partner, der Partnerin und überhaupt den Mitmenschen Selbstverwirklichung zugesteht und nicht nur sich selbst. In diesem Alter könnte der weithin unbekannt gebliebene Ausspruch Jungs in seiner Berechtigung anerkannt werden: »Der unbezogene Mensch hat keine Ganzheit, denn er erreicht diese nur durch die Seele, die ihrerseits nicht sein kann ohne ihre andere Seite, welche sich stets im Du findet.«[7]

Väterlich werden: Vom Ringen um Heilung des inneren Kindes

Von vielen wird an den Erlebnissen mit den heranwachsenden Kindern die eigene Kindheit wiedergefunden und aufgearbeitet. Die bisherige Lebensgeschichte wird noch einmal präsent, was als Voraussetzung dafür gelten kann, sich schließlich von ihr ablösen zu können und sie wirklich loszulassen.

Andreas, ein 28-jähriger noch ungebundener Mann, träumt, Anna sei ihm anvertraut, ein quicklebendiges, dunkelhäutiges Kind. Zunächst ist er etwas unaufmerksam gegenüber Anna, etwas genervt, bis sie schließlich von einer Leiter fällt und sich den Finger bricht. Da wird Andreas hellwach, sucht mit allen Mitteln einen Arzt für sie, ist entsetzt, dass sich dieser zunächst noch recht gleichgültig verhält. Da beginnt Andreas, um Anna und für die Behandlung ihres Fingers regelrecht zu kämpfen. Er erlebt in Anna sich selbst wieder als ein Kind, um das man sich nicht genügend gekümmert hat, sein Ich wird aufmerksam und fühlt bei diesem Traum auch die Sehnsucht nach einem Kind in sich aufsteigen. Der verantwortliche Mensch, der väterliche Mensch, der gerne Sorge für heranwachsendes Leben tragen möchte, wird in ihm wach.

Durch Kinder werden im jungen Erwachsenen kindliche Seiten noch einmal stimuliert, wiederbelebt oder überhaupt zum ersten Mal wahrgenommen.

Befreiung aus der tödlichen Schlinge

Ein weiterer Traum von Andreas, der eine sehr karge, be-
lastete Kindheit und Jugend hatte, lautet:

»Ein Mann, der schon hingerichtet werden sollte, befreit
sich aus der Schlinge und bewegt sich auf einmal behende
wie ein junger Affe.«

Andreas hatte lange gebraucht, um sich für Beziehung
und Beruf zu entscheiden. Die unerfüllte Entwicklungsaufgabe quälte und entwertete ihn innerlich so lange, dass er
schon von ernsten Schuldgefühlen und der Angst, ein Ver-
sager zu sein, letztlich sogar von suizidalen Gedanken ge-
plagt war. Als er sich aus der Schlinge, die ihn in der über-
holten Phase festhielt, befreien konnte, kommt eine unge-
heure Beweglichkeit über ihn, so dass er sich »bewegt wie
ein junger Affe«. Er ist sich seiner Instinkte wieder sicher,
die der Traum mit einem Tier vergleicht, das in seiner Beweglichkeit dem Menschen weit überlegen ist.

Der Abschied vom angeketteten Sänger

Ein Übergangsweg besonderer Art, bei dem viel verlassen
werden muss, kündigt sich bei einem Arzt, derzeit Mitte
dreißig, an. Der Traum lautet:

»Ich bin auf dem Hofgut, von dem ich herstamme (es
sieht aus wie aus dem 16. Jahrhundert, aus meinem Leben
kenne ich es nicht). Ich weiß, dass ich jetzt von hier Abschied nehmen muss. Vor dem Haus des Nachbarn steht
ein Mann, der hier immer stand, er sieht, dass ich gehen will,
und fängt mir zum Abschied (was ungewöhnlich ist, offenbar mag er mich) das Lied an, das er immer gesungen hat.
Ich kenne es so gut, es tönt voll und etwas unheimlich
durch den Hof. Ich merke, dass ich den Mann nie richtig

wahrgenommen habe, nur das Lied gehört; jetzt sehe ich: Er ist angekettet wie ein Hund (beziehungsweise ein Narr) und läuft, während er zu singen beginnt, in möglichst weitem Umkreis mit gespannter Kette.

Plötzlich höre ich mehrstimmig dasselbe Lied; wunderbar: ein Chor aus Männern, das heißt aus dem einen Mann, derselbe steht vier- oder fünfmal da, in schöner Uniform mit goldenen Knöpfen, und sie singen. Es ist, als wäre mir diese Vision durch den Blick des Mannes gekommen, der mir ja zum ersten Mal begegnet war. Der Mann ist mir übrigens sehr sympathisch, und ich bedaure sein Schicksal, angekettet sein zu müssen.«

Der Traum bewegt den jungen Mann sehr tief, er kommt lange nicht von ihm los. In der Ausgangssituation ist er wieder auf dem Hofgut, von dem er herstammt, wie er im Traum weiß, obgleich er es aus seinem Leben gar nicht kennt. Es ist quasi eine »ältere Heimat«, »es sieht aus wie aus dem 16. Jahrhundert«. Ein »Hofgut« ist bekanntlich ein großzügiges Gelände, zu dem Landwirtschaft gehört, auch ein Tierbestand, dazu aber ein herrschaftliches Haus. Was mag das 16. Jahrhundert für den Träumer bedeuten? Es war das Zeitalter der Glaubenserschütterungen in Europa, der Reformation und der Gegenreformation, und der Träumer ist in der Tat an religiösen Fragen lebhaft interessiert und vielfach von ihnen auch zerrissen. Bei einer solchen Zeitangabe im Traum könnte man natürlich auch fragen, ob sie auf sein eigenes 16. Jahr zurückweist, ist es womöglich seit damals, dass er in diesem geistigen Gebäude gelebt hat? Wer an frühere Leben glaubt, könnte auch vermuten, dass er im 16. Jahrhundert schon einmal gelebt hat. Wesentlich ist an diesem Traum, dass der Träumer genau weiß, dass jetzt der Abschied von diesem Hofgut gekommen ist. Erst über diesem Wissen und diesem Entschluss bemerkt er vor dem Haus des Nachbarn einen Mann, der, wie er sich besinnt, einfach immer hier gestanden haben muss und den man sozusagen bei jedem Schritt aus dem Tor des eigenen Hofgutes bemerkt haben müsste. Er gehört zum Inventar dieser Lebenslandschaft. Auch dieser Mann, diese Traumfigur sieht von sich aus, dass der Träumer gehen will, es ist ihm offenbar so ernst damit, dass die innerpsychischen Figuren über diesen Entschluss verständigt sind. Ausdrücklich »zum Abschied«, wie der Traum sagt, beginnt er das Lied zu singen, das er immer gesungen hat. Der Träumer setzt hinzu: »Was ungewöhnlich ist, offenbar mag er mich.« Es besteht also eine geheime Verbundenheit, ein Einvernehmen und Einverständnis zwischen diesem Mann, der beim Nachbarn lebt, und dem Träumer. Das Lied steht im Zentrum des Traumes, drückt eine intensive Gefühlserfahrung aus, wie es oft im Traum ist, wenn ein Lied vorkommt. Der Träumer beschreibt das Lied: »Ich kenne es so gut, es tönt voll und etwas unheimlich durch den Hof.« Es ist ein klangvolles, aber etwas unheimlich tönendes Lied – auf eine ebenso klangvolle wie etwas unheimliche Gefühlserfahrung zurückweisend. Was mag das für eine Erfahrung sein? Gehört sie vielleicht wirklich zum 16. Lebensjahr? Erst indem er dieses Lied wieder hört, bemerkt der Träumer, dass er über dem Lied, das er immer vernahm, den Mann selbst, der das Lied singt, der hinter diesem Lied steht, bisher »nie richtig wahrgenommen« hat. Er macht erst jetzt, schon im Weggehen, die schreckliche Entdeckung, dass dieser Mann angekettet ist – wie ein Hund oder wie ein Narr. Ist der Sänger auf das Stadium eines Hundes degradiert, hält man ihn wie ein Tier, oder – was die Sache nur noch beschämender und komplexer macht – hält man ihn so, wie man früher einen Narren hielt? Während er zu singen beginnt, läuft er in möglichst weitem Umkreis mit angespannter Kette umher, den kleinen Spielraum, der ihm gegeben ist, so weit wie möglich ausschreitend.

Der Mann erschüttert den Träumer sehr. Ist er doch selber einer, der oft ganz für sich allein, manchmal aber auch für den einen oder anderen nahen Menschen etwas singt, einen alten Hymnus, ein Marienlied oder auch selbst erfundene Melodien. Dies macht er gerne in ganz besonderen, auch religiös getönten und melancholischen Stimmungen, er hat eine schöne, unverbildete Stimme. Es macht ihn sehr betroffen, den Mann, der offenbar immer dann konstelliert ist, wenn in ihm etwas singt, nun näher in seine Lebensgeschichte und -landschaft eingeordnet zu sehen. Offenbar gehört der singende Mann zu jenen Lebenssituationen, jenem Hofgut, das vielleicht seit dem 16. Jahr seine innere Heimat ist, er ist ja selber gefühlsstark, religiös, melancholisch und musikalisch. Er ist aber dort angekettet, in jener Lebenssituation, in der er damals war, kann auch nicht mitwandern bei dem Aufbruch, der dem Träumer selber offenbar bevorsteht. Es bewegt den Träumer außerordentlich, jetzt Augen dafür zu bekommen, dass jene Seite in ihm, die sich manchmal singend ausdrückt, ein angeketteter Sänger ist, ein Narr, ein »armer Hund«. Will ihm der Traum sagen, dass er aus dem Erlebnis des Angekettetseins heraus zum Singen kam und sein gefühlshafter und schöpferischer Selbstausdruck aus diesem existentiellen Leiden herrührt? Aber selbst wenn es so wäre, sagt ihm dieses Traumbild zugleich, dass er einen Weg gefunden hat – seit seinem 16. Jahr –, diese Ankettung zu überwachsen, indem er seinen Gesang, bewusste Klage und Spiritualität daraus machte.

Als es ihm gelingt, den Blick des singenden Mannes aufzufangen, erweitert sich das Traumbild auf einmal: Der Träumer hört in diesem Moment dasselbe Lied, aber wie vervielfacht, mehrstimmig, wunderbar, wie er selbst es empfindet: »Ein Chor aus Männern, das heißt aus dem einen Mann, derselbe steht vier- oder fünfmal da, in schöner Uniform mit goldenen Knöpfen, und sie singen.« Das

Lied multipliziert sich, wird zum Chor, zum mehrdimen-
sionalen Klangkörper – vier weist auf Vollendung hin, fünf
auf natürliche Ganzheit –, der wunderbar und vollkommen
tönt. Dazu wirken diese Männer nicht wie armselige Ge-
fangene, angekettet wie ein Hund oder wie ein Narr, sondern erscheinen in würdevoller und schöner Kleidung und
Haltung. So schöne Musik entsteht aus dem Los der Ange-
ketteten! Das macht den Träumer sehr nachdenklich, er no-
tiert zu diesem Traum: »Es ist, als wäre mir diese Vision
durch den Blick des Mannes gekommen, der mir ja zum
ersten Mal begegnet war.« Der Blickkontakt mit diesem
»singenden Mann in ihm selber« – eine echte »Animusfigur« eines Mannes, viel mehr als sein »Schatten« – poten-
ziert und erhebt diesen Mann wie seine Musik ins »Wunderbare«. Dies alles wird sichtbar beim Abschiednehmen –
die alte Situation entbirgt, was für ein Wert in ihr enthalten
war –, und es ist dennoch Zeit für den Träumer, diese Situation zu verlassen, ja zu transzendieren. Indem er das
Schicksal des »Sängers in Ketten« bedauert und seine Zuneigung zu ihm bewusst wahrnimmt, überwächst er ihn
auch und kann zugleich mit ihm das »Hofgut« des 16-
Jährigen verlassen, um – »deo concedente« – ein Sänger in
Freiheit zu werden, die alte Bedingung abzustreifen, die es
ihm wahrscheinlich bis dahin unabdingbar erscheinen ließ,
ein Leidender zu sein, um singen zu können und zu dürfen.

Das getötete Reh oder:
Die Opferung eines scheuen Gefühls

Ein bitteres Abschiednehmen von dem langjährigen, zarten, vielleicht allzu scheuen Gefühl zu einer Frau – von
einer Beziehung, die sich als unerfüllbar erwies, seit sie sich
einem anderen zuwandte – drückt sich in dem Traum des

gleichen Arztes aus, der vier Monate früher den Traum vom Sänger vom Hofgut geträumt hat. Hier ist der Teil eines Lebensüberganges, der im radikalen Abschiednehmen besteht, besonders betont. Wie es weitergehen soll, wissen wir hier noch nicht. Der Traum lautet:

»Ich fahre mit noch einem anderen (ein mir vertrauter Unbekannter, etwa zwischen Lehrer und Freund) in einem großen Auto durch den Wald; wir halten an einer halb offenen Waldhütte. Ein kleines Reh ist da, ganz zierlich und zutraulich. Der andere sagt, ich solle es packen und verbrennen. Ich packe es an den Hörnern, es ist im Moment des Zupackens leicht widerwillig. Ich drücke es mit dem Kopf in ein kleines Feuer, das wir gemacht haben, da fängt es Feuer am Kopf, schreit aber nicht und verbrennt ganz. Da kommt eine Frau (es ist eine jüngere Frau, die direkt aus dem Wald kommt, sie ist die Frau des Försters oder die Waldhüterin), die uns kennt, und fragt besorgt, was wir da gemacht haben.

Wir dürften das nicht (als ob wir gewildert hätten). Sie hat großes Mitleid mit dem Reh und meint, wir hätten es grausam behandelt, es habe bestimmt geschrien. Ich erkläre ihr, dass es gar nicht geschrien hat. Ich gehe um das Auto, das praktisch die ganze Fahrstraße versperrt, um die Knochen von dem Reh (es handelt sich mittlerweile, seit dem Gespräch mit der Frau, um einen Menschen) zu sammeln und zu begraben. Es ist ein zierlicher Menschenschädel dabei. (Beim Begraben handelt es sich darum, die Spuren zu verwischen.)«

In dem Traum fährt der Träumer mit einem anderen, einem vertrauten Unbekannten (der Träumer hat auch real solche männlichen Lehrer-Freunde), also jedenfalls unter männlicher Verstärkung durch den Wald, wo sie an einer Waldhütte anhalten. Im Wald also werden sich die kommenden Vorgänge abspielen, im Bereich der reichen, ge-

heimnisvollen, unbewussten Natur. Hier findet sich nun
ein kleines Reh, »ganz zierlich und zutraulich«, als hätte es
auf die beiden gewartet. Ein solches Reh kann für zarteste
Gefühlsimpulse stehen, von Natur aus sehr scheue, aber
zutraulich gewordene – wie sie in der langjährigen Bezogenheit des Träumers auf jene Frau entstanden sind. Der
andere, der Lehrer-Freund, sagt ihm nun, er solle dieses Reh
packen und verbrennen. Offenbar braucht es zu einem solchen Entschluss eine Stimme von einer gewissen objektiven
Autorität, einer vertrauenswürdig befreundeten jedoch, es
ist nicht das Ich des Träumers selbst, das sich so etwas zu
sagen wagt. Es erscheint ja wie etwas ungeheuer Grausa-
mes, was hier getan werden soll, dieses überaus zarte und
noch dazu zutrauliche Wesen, das kleine Reh, zu opfern.
Denn um eine Opferhandlung geht es, schon das Verbrennen deutet dies an. (Der inzwischen mit anderer Bedeutung
beladene Ausdruck »Holocaust« meinte ursprünglich solch
ein »Ganzopfer«, ein Verbrennen, das das geopferte Wesen
gänzlich den Göttern weiht, ohne sich noch ein Opfermahl
aus dem geschlachteten Tier zu bereiten, ohne an solch
einem Opfermahl teilzunehmen.) Es wird ganz und gar
hergegeben – und zwar an das Feuer als das nicht nur vernichtende, sondern auch verwandelnde, Stoff in Energie
transformierende Element. In wortlosem Einvernehmen
mit dem anderen Anteil seiner selbst, dem Lehrer-Freund,
beginnt das Ich des Träumers mit dem Vollzug des Opfers.

Nachdem es ohne jeden Schrei verbrannt ist, taucht unmittelbar – in traum-logischer Folge – die Waldhüterin auf,
eine jüngere Frau noch, die die beiden Männer kennt. Auch
sie ist also ein diesem durchaus bekannter Seelenanteil des
Träumers. Vor allem drückt sie das große Mitleid – letztlich
des Träumers selbst! – mit dem Reh aus, das grausam behandelt worden sei und gewiss vor Schmerzen geschrien
habe. Mit der Erklärung, dass es gar nicht geschrien habe,

sucht der Träumer diesen Vorwurf, gequält zu haben, zurückzuweisen und betont noch einmal seine Übereinstimmung mit dem Opfertier, die innere Stimmigkeit der Opferhandlung. Dennoch hat die Waldhüterin den nötigen und richtigen Gefühlston eingebracht, die Emotionalität, das Mitleiden mit dem Reh, zugleich mit dem Gefühl des Träumers, dieses zarte geliebte Wesen opfern zu sollen, zu müssen. Indem der Gefühlston aufkommt, seit dem Gespräch mit der Frau, verändert sich das Reh, zunächst etwas mehr Instinkthaftes, in etwas Menschliches, etwas Seelenhaftes, Bewusstseinsfähiges, und als er die Knochen des Rehes einsammeln will, um sie zu begraben, sind sie plötzlich zu menschlichen Knochen, zu denen sogar ein zierlicher Schädel gehört, geworden. Es ist deutlich, dass es sich um das Opfer von etwas Menschlichem, ja um ein Menschenopfer handelt und damit um etwas Archaisches, das dem modernen Bewusstsein des Träumers wie ein Tabubruch, letztlich auch wie ein Frevel erscheint. Er glaubt deshalb auch, die Spuren des Frevels völlig verwischen zu müssen. Seine Gewissensambivalenz wird sichtbar, die Spaltung zwischen dem Willensimpuls, das Reh opfern zu müssen – vertreten durch seinen Lehrer-Freund –, und dem durch die Waldhüterin vertretenen Gefühlsimpuls, das Reh nicht getötet haben zu dürfen, vor allem nicht auf grausame Weise. Indem er die Knochen einsammelt, um sie zu begraben, ist dieses Opfer trotz widersprüchlicher Gefühle als unwiderruflich vollzogen bezeugt. Der Träumer hat sich in der darauf folgenden Zeit noch stark mit seinen widerstreitenden Gefühlen auseinandersetzen müssen, es kam darauf an, die Argumente der Wildhüterin insofern ernst zu nehmen, als es bei dem Opfer des Rehes nicht darum gehen konnte, die reiche und zarte Gefühlsskala und die Liebesfähigkeit, die die Bezogenheit auf jene Frau in ihm erweckt hatte, mit zu opfern, es kam ja gerade darauf an, sie auszudestillieren als die innere Essenz jener Beziehung, die er auf der äußeren, realen Beziehungsebene unwiderruflich opfern musste. Das Opfer, das Abschiednehmen war der erste Schritt, die erste Phase innerhalb des Lebensüberganges jenes Mannes, das Ausdestillieren der Gefühle, das bereits in dem Traum beginnt, leitet die zweite Phase ein. Den dritten Schritt, die dritte Phase wird er dann erreichen, wenn er seine Beziehungsfähigkeit wiedergewinnt als in dem Trennungserlebnis erprobt und gereift und somit neuen Boden, Neuland für künftige Beziehungen betritt.

Er ist einer der Menschen, denen durch bestimmte lebensgeschichtliche Erfahrungen Trennungen immer besonders schwer gefallen sind und die deshalb Gefahr laufen, Beziehungen symbiotisch zu leben und damit zu überlasten. Er tendierte auch dazu, sich in einer unerfüllbaren Beziehung wie in jener letzten festzuklammern, auf die Gefahr hin, nie eine erfüllte und ganz befriedigende neue Beziehungsebene zu finden. Das Opfer des »zarten, zutraulichen Rehes« in ihm selber, eine mädchenhafte Seite gleichsam, brachte ihn seiner autonomen Männlichkeit näher. Deren Gefahren wiederum, in dem sehr großen Auto ausgedrückt, mit dem die beiden Männer durch den Wald fahren und mit dem sie zuletzt die ganze Straße versperren, ist ein Zug in dem Traum, der dem Träumer gar nicht gefiel, da er einen Schattenaspekt von ihm, eine gewisse »Großspurigkeit« ausdrückt, mit dem er sich im Prozess seines Lebensüberganges weiter auseinanderzusetzen hat.

Es ist nicht selten, dass im jungen Erwachsenenalter eine Beziehung, auch wenn der Betreffende sehr an ihr hängt, gleichsam geopfert werden muss, um eine Selbstfindung und vielleicht eine neue Beziehung überhaupt erst zu ermöglichen. Beziehungsfindung und Beziehungsprobleme spielen in diesem Alter eine besondere und gegenüber der Adoleszenz auch neue Rolle. Sie fordern eine gründliche

Klärung auf der konkreten Beziehungsebene, dazu eine erneute Ablösung vom Vater- und Mutterkomplex, der bisher allzu unbewusst und leicht auf den jeweiligen Partner
oder die Partnerin übertragen wurde. Der junge Mensch
kommt hier erst richtig darauf, dass er auf seinen Beziehungspartner oft etwas projiziert, was ursprünglich mit
ganz anderen Menschen erlebt worden ist. Auch geht ihm
auf, was er eigentlich damit tut, wenn er den Vater- oder
Mutterkomplex auf Partner und Partnerin überträgt, und
was er sich damit alles an Problemen schafft. Zögernd werden meist erst gegen Ende dieser Phase, also gegen Ende
der dreißiger Jahre, solche Formen der Projektion erkannt,
die bis dahin immer wieder heftige Beziehungskrisen ausgelöst haben können. Schritt für Schritt werden diese Pro-
jektionen zurückgenommen. Allmählich nimmt man es seinem Partner und seiner Partnerin nicht mehr gar zu übel,
dass sie nicht ganz dem Anima- oder Animus-Seelenbild
entsprechen, das man sich von ihnen gemacht hat, sondern
dass sie gewöhnliche Menschen sind wie man selber auch –
und als solche von nun an vielleicht nicht mehr nur für Ent-
täuschungen, sondern auch für humorvolle Akzeptanz gut
sind. Zurück bleibt jedoch die Sehnsucht nach einer ver-
tieften Liebesbeziehung von ganzheitlicher Bedeutung,
und latent werden Animus und Anima immer mehr als inneres Paar begriffen und können eine Beziehungsphantasie
auslösen, die letztlich auf die Ergänzung und Ganzheit von
Männlich und Weiblich in der Psyche eines jeden, einer
jeden von uns selber zielt.

Vom Liebespaar unter dem Lebensbaum

Ein 38-jähriger Mann, der eine Trennung hinter sich hat
und weiß, dass Liebe mit viel Schmerz verbunden sein

kann, träumt, da er sich nicht schon wieder auf eine Beziehung einlassen möchte, fast wider Willen, aber dennoch mit spürbarer Ergriffenheit von einem Paar:

»In meinem Traum war ein Paar unter einem riesigen Baum. Es regnete, glaube ich, aber es brannte auch ein Feuer. Das war wirklich so. Ich habe ganz gebannt zu diesem Paar hingeschaut. Es packte mich wie ein Blitz, ich war atemlos. Das Gefühl von Ganzheit, von Glück, von Liebe durchflutete mich. Irgendwie war es einfach göttlich.«[8]

Der Mann war außerordentlich angerührt von diesem Traum. Auch spürte er sofort, wie dieses Paar mit ihm selber zu tun hatte: »Der Mann hatte etwa meine Gestalt, aber er war auch anders, er war irgendwie lebendiger, als ich es bin«, und dann ergänzte er noch: »Es ist sonderbar, aber dieser Mann trug einen Ring, den ich auch trage. Also dieses Paar da, da muss irgendwie ich dabei sein, aber ich bin es auch nicht, ich schaue ja auch zu. Die Frau, das könnte diese Frau sein, die ich jetzt eigentlich nicht sehen will, weil sie mich zu sehr fasziniert, aber es ist auch nicht diese Frau, sie ist irgendwie perfekter, es stimmt nicht ganz.«

Die Frau erinnert ihn an eine wirkliche Begegnung, die er vor kurzem hatte, die er aber innerlich, noch unter dem Eindruck seiner zurückliegenden Trennung, abwehrt und der er in der Wirklichkeit auch nicht nachgegeben hat. Doch angesichts dieses inneren Paares, das sich jetzt in ihm selber konstelliert, drängt sich ihm der Ausdruck auf: »Da passt einfach das Wort göttlich.« Indem er es ausspricht, ist es ihm peinlich, denn er ist ein Mensch, der das Wort »göttlich« sonst eigentlich nicht gebraucht. Und doch fügt er hinzu: »Das ist wie das Erlebnis des Göttlichen, das war ganz sexuell und ganz göttlich.« Der Traum und das Bild dieses Paars ergreifen ihn einfach in seinem Traum. Dieses Paar könnte »als ein Symbol des Selbst im Jungschen Sinn verstanden werden, ein Symbol des Mysterium conjunctio-

nis, das Geheimnis der Verbindung von Gegensätzen, und
zwar sowohl von der Emotion der Ergriffenheit, von der
Betroffenheit, als auch von der bildnerischen Gestaltung
her«.[9] Die Sehnsucht nach unserer Ganzheit drückt sich oft
in einer erotischen Phantasie aus – darum wird deutlich,
dass es bei der Liebessehnsucht nicht nur um das Wohlbe-
finden des Ich, nicht einmal nur um das Verbundensein mit
einem Du geht, sondern dass darüber hinaus durch diese
Beziehung eine Dimension des Lebens erlebt wird, die
beide Beteiligten übersteigt, eine Beziehung zum Selbst.

Das Lebens-Steuer: Verloren und wiedergefunden

Carl Gustav Jung betrachtete das fünfunddreißigste Jahr als
das Jahr der Lebensmitte, in dem sich die Wende vom bis
dahin im allgemeinen eher extravertierten Lebensstil, der
dem Aufbau des Lebens in der Außenwelt verpflichtet ist,
zu einer Hinwendung zur Innenwelt vollzieht. Das erlebt
ein derzeit 35-jähriger Pfarrer in seinem Traum:
   »Am Ufer stehend und in die Brandung schauend nehme
ich auf einmal wahr, wie eine mächtige Woge etwas heran-
bringt, ein Schiffssteuerrad ist es, dem eine Speiche fehlt,
wie ich feststelle, als es vollends ans Land rollt. Ich bin sehr
nachdenklich über den Fund, der bedeuten kann, dass das
Schiff, zu dem dieses Rad gehört, gesunken ist. Oder hatte
das Rad versagt, war es ausgewechselt worden? Als ich
nachdenklich aufschaue, bemerke ich, dass schon eine
ganze Zeit ein Fuchs neben mir sitzt – seine Spur kommt
über die Sanddüne, aus der Wüste also zum Meer herunter
– und mich so aufmerksam betrachtet, als habe er mich die
ganze Zeit über in meinem Selbstgespräch belauscht. Der
Fuchs blickt mich so eindringlich und unwiderstehlich an,
dass ich beginne, mit dem Fuchs über den Sinn meines Fun-

des, über das vom Meer angeschwemmte Steuerrad zu sprechen.«[10]

In seiner Lebensmitte erlebt sich der Träumer am Meer, ein Bild zugleich für die Tiefe und Weite der Seele und ihre unbewussten und unbekannten Tiefenräume, und erfährt dieses Meer als sehr bewegt. In seiner lebhaften Dynamik wirft es ihm etwas vor die Füße, womit er in diesem Moment nicht gerechnet hat, das Steuerrad eines Schiffes. Nun bemerkt er, dass eine Speiche fehlt, und beginnt über die Herkunft dieses Steuers und den Sinn seines Fundes nachzudenken. Ist das Schiff vielleicht gesunken, oder treibt es noch immer steuerlos auf dem Meer? So mutet ihn dieses Steuerrad an wie die Botschaft von einer Katastrophe, die womöglich tief im Unbewussten stattgefunden haben muss. Jedenfalls hatte das Bewusstsein sie bis dahin gar nicht bemerkt! Subjektstufig gesehen können wir das Steuer als einen inneren Anteil des Träumers selbst, als das Steuer eines seiner eigenen inneren Seelenschiffe betrachten, mit dem er in der »Nachtmeerfahrt« sein Unbewusstes befährt und zur Zeit wohl steuerlos ist. Das könnte heißen, dass dieser im Bewusstsein sensible und wache Pfarrer, der in der Gemeinde sehr viel leistet und aufbaut, zu der Zeit seine Navigationsfähigkeit im Bereich des Unbewussten eingebüßt hat. Ob dies gerade eine Folge seiner starken Überbewertung des Bewusstseinsbereichs sein kann? Von diesem Fund, einem Zufallsfund, für den er keinerlei Verantwortung übernehmen müsste, lässt sich das Traum-Ich doch sehr betreffen. Er ahnt, dass es darum geht, die Übermacht des Unbewussten, des Meeres anzuerkennen und dennoch die bewusste Steuerung, das Steuerrad zu reparieren und wieder zu übernehmen. Da sieht der Träumer den Fuchs dasitzen, wachen Auges, als habe dieser sein Selbstgespräch belauscht. Erscheint er doch hier wie ein »alter ego«, ein anderes Ich des Träumers, aber als Fuchs eben mit

einem tiefen, instinktsicheren Witterungsvermögen ausge-
stattet!

Mit dem dringlichen Wunsch erwacht, mit diesem Fuchs
über die verlorene Steuerung seines tieferen seelischen Lebens nachzudenken, begann der Pfarrer tatsächlich einen
inneren Dialog mit dem Fuchs im Sinne der Aktiven Imagination von C. G. Jung, der dann dazu führte, dass er diese
hilfreiche Figur immer näher kennenlernte, sich mit ihr
auseinandersetzte, um sie schließlich als eigenen Anteil integrieren zu können. In dem Fuchs, der ihm, als er wirklich
ratlos war, über die Sanddüne zugelaufen war, entdeckte er
einen künftigen Seelenführer mit Spürsinn und natürlicher
Weisheit – lauter Kräften, die der Pfarrer in seiner bisher
etwas zu rationalen Ausrichtung unterschätzt hatte. Gemeinsam mit diesem Fuchs konnte er den Übergang über
die Lebensmitte bewältigen, einen Übergang, der sich
zunächst mit der Botschaft vom Bruch des inneren Steuer-
rades angekündigt und gezeigt hatte, dass die »Nachtmeerfahrt« über die Tiefen des Unbewussten fortzusetzen war.

Expedition in unerschlossene Naturbereiche

Ähnlich erging es einem 38-jährigen Arzt, der von seiner
derzeit überlaufenen nervenärztlichen Praxis beinahe auf-
gefressen wurde und sich nach einer neuen Perspektive und
inneren Erfüllung sehnte. Auch er berichtet ein folgen-
schweres Traumerlebnis, in dem er, der eher rational und
nüchtern denkende Facharzt, mit einer quasi schamanistischen Gestalt in Berührung kommt, die ihm den Zugang in
völlig neue Bereiche der äußeren und der inneren Natur erschließt:

»Mit einer Gruppe unternehme ich eine naturkundliche
Expedition in ein sonst unzugängliches Waldgebiet. Der

Gruppenleiter ist eigenartig, sein Gesicht ist hinter einer Tiermaske nicht zu erkennen. Er spricht mit einer seltsamen Stimme, die uns aber dennoch gut verständlich ist, weil er sehr langsam und ausdrucksvoll spricht. Er ist der Leiter und Fachmann, ohne den niemand dieses Gebiet betreten darf. Wir müssen uns ganz auf ihn verlassen.

Vor Betreten des Waldes warnt er uns vor einer bestimmten Vogelart, die uns gefährlich werden könnte. Er würde uns genaue Verhaltensanweisungen geben, an die wir uns exakt zu halten hätten, damit niemandem Gefahr droht.

Bei der ersten Erkundung des Waldes, der eher wie ein Urwald wirkt, sollen wir uns alle im Kreis hinknien, unsere Köpfe vornüber neigen, die Hände auf den Boden legen. So würden sich die Vögel vorsichtig nähern, wir könnten sie in aller Ruhe beobachten, keine Vogelart würde uns so gefährlich werden. Tatsächlich kommen unterschiedliche Vögel immer näher zu uns, berühren uns leicht, hopsen auf uns herum, auf dem Boden, schließlich sogar über unsere Körper und auf unseren Köpfen. Ich spüre ihre kleinen Krallen auf mir und habe ein Gefühl von Beklemmung und Angst, aber die genauen Instruktionen des Gruppenleiters beruhigen mich und auch alle anderen. Die Vögel sind einzeln betrachtet eher winzig, flauschig, harmlos wie Finken oder Spatzen, einige aber sind größer, wie schwarze Rabenvögel. In der großen Anzahl könnten sie aber durchaus eine Gefahr bedeuten (Hitchcocks Vögel kommen mir in Erinnerung).

Bevor es dann wieder weiter in den Wald geht, sehe ich mir den Expeditionsleiter nochmals genauer an, jetzt mit größerer Neugier. Ich sehe, dass er eine Eulenmaske trägt, an der gleichzeitig zwei Scheren wie bei einem Krebs angebracht sind. Hinter der Maske erkenne ich sein Gesicht nur undeutlich, gehe näher an ihn heran, um klarer zu sehen, erkenne mehr und gehe immer näher, um ihn noch besser zu sehen, bis sein Gesicht vor meinen Augen verschwimmt und ich mit einem Schreck erwache.«

Der Träumer ist von dem Traum außerordentlich betroffen, doch bemerkt er selbstkritisch: »Beim Erwachen habe ich das Gefühl, dass meine Neugier mit mir durchgegangen ist, dass ich zu auf- und eindringlich war und möglicherweise vor dem erschrocken bin, was ich in seinem Gesicht gesehen habe. Aber ich weiß nicht mehr, was es war.«

Seine Vorsicht und Besonnenheit – auch bei großer Neugier – zeigt sich allerdings zunächst darin, dass er sich nicht auf eigene Faust, sondern im Rahmen einer geführten Gruppe zu der naturkundlichen Exkursion in den Urwald entschließt. Auffallend ist der Gruppenleiter und Fachmann, »ohne den niemand dieses Gebiet betreten darf«. Es ist also mit einem Tabu belegt, das der Träumer sehr wohl wahrnimmt (für ihn selber ist dieser Lebensbereich ja bisher mit einem Tabu belegt gewesen). Dieser »Fachmann« – der Träumer hat als Facharzt eine natürliche Achtung vor Fachkompetenz – trägt jedoch eine Tiermaske, die sein Gesicht völlig verhüllt. Er geht also bei diesem Expeditionsgang in seiner Funktion auf, will und kann als Person hier nicht wahrgenommen werden. Indem er eine Vogelmaske trägt, passt er sich den Vögeln an, denen es hier zu begegnen gilt, er verbindet sich auf diese Weise wie ein Schamane mit seinem Totemtier. Auch die Stimme ist seltsam – wie es manchmal von Schamanen bei ihren rituellen Rezitationen und Handlungen berichtet wird –, doch ist sie sehr langsam und ausdrucksvoll. Es handelt sich also um einen Mann, der gänzlich mit der Natur vertraut, ja mit ihr verwoben ist – etwas, das den Träumer zwar fasziniert, was ihm aber auch unheimlich ist, bisher fremd.

Als Erstes spricht dieser Führer eine Art von Warnung aus und weiht zugleich in die Schutzmaßnahmen ein, er lehrt Respekt vor der Natur, speziell vor einer bestimmten Vogelart. Vögel stehen für Phantasie, Sehnsucht, auch für Ideen. Mancher, der allzu abgehobene Ideen vertritt, gilt ja im Volksmund als einer, der »einen Vogel hat«. Hier aber geht es um Phantasien, die offenbar ins Reich der Natur gehören, vielleicht um Sehnsüchte und Tagträume.

Bei der ersten Erkundung des Urwaldes weist der Fachmann die Gruppe in eine rituelle Haltung ein: sich im Kreis niederknien, die Köpfe vornüber neigen und die Hände auf den Boden legen. Wenn wir uns in diese Haltungen hineinversetzen, merken wir, dass es sich um eine fast meditative, eine gebetsähnliche Haltung handelt, die tiefen Respekt, ja Ehrfurcht vor dem Kommenden ausdrückt. Immer wieder spürt der Träumer, durch den Fachmann gewarnt, die latente Gefahr, die von den Vögeln her drohen könnte. Nun fühlt er sie im Traum tatsächlich nahen, unterschiedliche Arten, die er zunächst auf dem Boden, um sich selbst und die anderen Gruppenteilnehmer »herumhopsen« sieht, bis sie den Träumer und die übrigen Gruppenmitglieder schließlich direkt berühren, am Körper und gar auf den Köpfen: »Ich spüre ihre kleinen Krallen auf mir und habe ein Gefühl von Beklemmung und Angst, aber die genauen Instruktionen des Gruppenleiters beruhigen mich und auch alle anderen.« Der Träumer kommt sogar in Körperkontakt mit diesen Vogelwesen, was seine sonstige Distanziertheit, seine wissenschaftliche Gewohnheit, die persönliche Beziehung zu objektivieren, seine Angst vor Nähe völlig durchbricht. Das macht ihn beklommen, doch fühlt er sich geschützt von der Kompetenz jenes Gruppenleiters, der sich offenbar mit den Vögeln auskennt. Einzeln betrachtet, handelt es sich bei ihnen, wie er im Traum feststellt, um »winzige, flauschige Wesen« – sind es nicht fast zärtliche Phantasieimpulse? Einzelne größere, schwarze, eine Art von Rabenvögeln – Trauergefühle oder Unglücks-

phantasien? – sind jedoch auch darunter. Noch immer erscheinen sie dem Träumer als Einzelwesen eher harmlos,
doch kann er die Vorstellung, dass sie in größerer Anzahl
gefährlich werden könnten, samt der Erinnerung an den
Hitchcock-Film »Die Vögel«, nicht abweisen, die Erinnerung an jenen schockierenden Film, in dem die Menschen
von den Möwen angegriffen und aufs Gefährlichste verletzt
werden. Offenbar soll es nach dieser hautnahen Begegnung
mit den Vögeln, die dank der richtigen und ehrfürchtigen
Haltung der Menschengruppe gefahrlos verläuft, noch weiter in den Wald gehen, doch bevor dies geschieht, hat der
Träumer das Bedürfnis, sich jenen eigenartigen Expeditionsleiter noch genauer anzusehen. Schließlich gilt es ja, sich
ihm bei noch weitgehenderen Erfahrungen mit der Ur-
waldnatur anzuvertrauen. Der Träumer möchte doch gerne
wissen, mit wem er es da zu tun hat!

Die Vogelmaske gibt sich ihm jetzt noch differenzierter
zu erkennen als auf den ersten Blick: Es ist eine Eulenmaske, an der »gleichzeitig zwei Scheren wie bei einem Krebs
angebracht sind«. Die Eule ist einer der Vögel, die mit
äußerst scharfen Augen das Dunkel durchdringen, ihre
Augen sehen bei Nacht ungleich schärfer als die der Menschen – einer der Gründe dafür, warum die Eule immer
wieder mit der Weisheit in Verbindung gebracht wird, mit
der Fähigkeit, sich im Dunkel der Geschicke intuitiv zu-
rechtzufinden. Sie ist ein Vogel der Athena, der griechi-
schen Weisheitsgöttin, aber auch ein Begleittier der Hexen
oder der »Erzzauberin« in dem Grimmschen Märchen
»Jorinde und Joringel« sowie jener weisen Alten, die man
fälschlich für eine Hexe hält, zum Beispiel in dem Grimmschen Märchen »Die Gänsehirtin am Brunnen«. Ein Weis-
heitsvogel, ein Hexen- und Schamanenvogel ist die Eule,
tieferer Weisheit kundig – hinzu kommen die Krebsscheren, die wie ein Geweih wirken. Krebsartiges ist hier mit

Eulenartigem verbunden – und beides charakterisiert die Vogelmaske dieses Expeditionsleiters.

Der Krebs ist ein Unterwassertier, das sich gut in einem Element auskennt, in dem sich der Mensch nur bedingt bewegen kann. In übertragener Bedeutung steht das Wasser für das Seelische, die Tiefe, das Unbewusste. Wegen seiner Schale, die sein zartes Inneres vor der Außenwelt schützt, wird der Krebs immer wieder dem Bedeutungszusammenhang Uterus-Embryo zugerechnet. Als dem vierten Zeichen des Tierkreises ist sein Element das Wasser. Im Christentum gilt der Krebs wie die Krabbe als Symbol der Auferstehung, da er sich während seiner Entwicklung häuten kann. Indem bei der Maske gerade die Krebsscheren hervorgehoben sind, das Fanginstrument des Krebses also, könnte dieser Zug darauf hinweisen, dass der Maskenträger auch etwas zu fangen versteht und nicht nur im Element der Luft, sondern auch im Element der Wassertiefe, des Unbewussten und des Seelenraums zu Hause ist.

Diese Expedition führt anhand der Bilder äußerer Natur – des Urwaldes und der Vögel – zweifellos in das Reich innerer Natur, in die unbewusste Seelenlandschaft des Träumers mit ihren Urwäldern und Vogelwesen ein. Unter dem Geleit jenes Expeditionsleiters – ein Bild seiner Übertragung auf den Therapeuten, ein Bild aber auch seines eigenen inneren Schamanen-Animus – wird er auch etwas aus dem Bereich dieses Urwaldes einfangen können. Zu gerne würde der Träumer das Gesicht erkennen und kommt noch näher, um ihn noch besser zu sehen. Doch da geschieht es, wie wenn man mit dem Fotoapparat zu nahe an das Objekt herangeht, dass das Gesicht des Schamanen vor den Augen des Träumers verschwimmt. Er erwacht mit Schrecken. Er erlebt den Kontrast zwischen der Anleitung jenes Expeditionsleiters zum äußerst vorsichtig-ehrfürchtigen Umgang mit den Vögeln und wohl auch den weiteren Geheimnissen

des Waldes und seinem allzu genauen Wissenwollen dessen,
was sich hinter der Schamanenmaske für ein Gesicht verbirgt. Einiges hat er gesehen, etwas vielleicht auch, was ihn
erschreckt hat – weil es wiederum fremd, unheimlich war?
Oder hat ihn letztlich doch vor allem erschreckt, dass er
sich selbst als so zudringlich erlebt, als einen, der jenem geheimnisvollen Führer, sei er in ihm oder außer ihm, vielleicht zu nahe getreten ist? Hier kommt ein Schattenaspekt
des Träumers zum Vorschein, der ihn aber sofort selbstkritisch anstößt, gerade an dieser Seite bewusst weiter zu arbeiten, um den Lebensübergang, zu dem er der Begegnung
mit dem Urwald und mit dem Schamanen bedarf, nicht zu
behindern.

Ernüchterung

Das mittlere Erwachsenenalter

Zu Grund gerichtet
wach' ich ruhig auf.
Von Grund auf weiß ich jetzt.
Und ich bin unverloren.
INGEBORG BACHMANN

Das mittlere Erwachsenenalter, zwischen dem vierzigsten und dem fünfundfünfzigsten Lebensjahr anzusetzen, das den Übergang sowohl über die Vierziger-Schwelle wie auch den über die Fünfziger-Schwelle enthält, bringt wieder einen deutlichen Aufbruch mit sich, zugleich einen Umbruch. Bedeutet es doch zugleich, mit dem Übergang über die Lebensmitte ein Gespür dafür zu bekommen, dass man nur noch eine der Lebenshälften vor sich hat.

Bei der Überschreitung einer jeden der Schwellen, die in einen tieferen Tempelraum führen, wurde in den Tempeln der Megalithzeit, zum Beispiel auf Malta, ein Opfer gebracht, auf jeder der hohen, betonten Schwellen zum Beispiel ein Trankopfer, Speisopfer oder gar ein Tier. Erst nachdem etwas weggegeben, den Göttern geschenkt worden war, durfte der neue Raum betreten werden. Etwas aus dem Instinktbereich, das mich bisher genährt und getränkt hat, muss geopfert werden, damit ich in den neuen Raum gelangen kann. Dies gilt im psychischen Bereich ebenso wie früher im kultischen und wird beim Übergang über die Schwelle zum vierzigsten Jahr sehr stark spürbar. Es ist dies eine Phase, in der sich im Blick auf den Ichkomplex und die entsprechende Identität große Veränderungen anbahnen. Bei vielen Frauen, aber auch bei Männern bricht auf einmal mit großer Dramatik die Frage auf, ob sie noch ein Kind haben wollen, überhaupt ein Kind haben wollen.

Gewähren die vierziger Jahre dann in mancherlei Hinsicht auch Erfüllungsstunden, den hohen Mittag des Lebens, so setzt um die fünfziger Jahre herum Ernüchterung ein, da vieles sich wiederholt, sich gleichbleibt, ja ausleiert.

Die tönerne Mutterfigur beatmen

Für die Frau bedeutet der Übergang in die zweite Lebenshälfte: Was bin ich, wenn ich biologisch nicht mehr gebärfähig bin, was heißt Frausein im mittleren und späten Erwachsenenalter überhaupt? Dazu der Traum einer 38-jährigen Frau, die eben im Begriff ist, diesen ihr bevorstehenden Übergang zu erleben:

»Ich sehe eine Tonfigur vor mir, eine beleibte Frauengestalt mit sehr runden Formen. Sie sieht aus wie eine der alten Muttergöttinnen. Ein unbekannter, wenig gepflegter Mann beginnt die Gestalt von allen Seiten anzublasen. Mir erscheint das sehr sonderbar, was er da tut, er schaut ernsthaft auf und sagt dann: ›Sie wird sonst nicht lebendig.‹ Das leuchtet mir ein, ich blase auch, wie wenn man ein Feuer anbläst. Ich erwache daran, dass ich blasend atme.«[1]

Mit einem Gefühl der Ehrfurcht sei sie aufgewacht, so berichtet die Frau, für die sich die Vierziger-Schwelle ankündigte. Eine völlig neue Frauenfigur, vorerst nur in Ton, taucht vor ihrem inneren Auge auf, eine bisher eher verachtete und gefürchtete Gestalt, die sich aber allmählich, wie sie angesichts des Traumes etwas erschreckt erzählt, auch in ihrer eigenen Körpergestalt abzuzeichnen beginnt.

Sie beginnt beleibt zu werden, so berichtet sie, »mit sehr
runden Formen«. Seit Jahrtausenden tendiert die Frau in
den reifen Jahren bekanntlich zu dieser Form, und ganz im
Unterschied zu unserer Zeit sah man vor Zeiten in der Frau
dieses Alters und dieser Fülle eine verehrungswürdige Gestalt, die der Muttergöttin, die ebenfalls mit runden Formen dargestellt wurde, glich und sie repräsentieren konnte.
Als solche erscheint von nun an der Träumerin auch diese
Tongestalt.

Es kommt aber in dem Traum nicht darauf an, sie reli-
gionsgeschichtlich-historisch einzuordnen, sondern sie
buchstäblich zum Leben zu erwecken – durch Anblasen,
wie es im biblischen Schöpfungsbericht bei der Erweckung
des Menschen zu einer lebendigen Seele vor sich geht. Der
Archetyp der Muttergöttin, der Großen Mutter also, ist in
ihr konstelliert, wie sie zögernd und staunend wahrnimmt,
als sie diesen Traum durcharbeitet. Wie seltsam, dass es zu
diesem Schöpfungsakt des Anhauchs eines Mannes bedarf!
Doch ist es in diesem Traum offenbar so, dass es eines
»männlich-energischen Anstoßes in ihr selber« bedarf, für
den dieser Mann im Traum steht, und zwar von einer Seite
her, die sie bisher nicht kannte, denn ein unbekannter und
wenig gepflegter Mann ist es ja. Eine Seite, die im Schatten
lag – eben die männlich-energische Vorstellung, dass eine
reife, füllige Frau attraktiv sein könne –, muss hervortreten
und dieses Frauenbild anhauchen, damit es lebendig werden kann. Besonders wichtig scheint mir, dass dieses an-
hauchende Lebendigmachen der Tonfigur die Träumerin so
sehr überzeugt, dass sie sich nun selber daran beteiligt und
so stark blasend atmet, dass sie davon erwacht.

Beim Gespräch über den Traum verwunderte sie noch so
manche Einzelheit: dass es zum Beispiel um eine Figur aus
Ton ging, also aus Erde, erschien ihr eher fremd. Sie selber,
die sich mehr als eine Frau des Wortes versteht, arbeitete in

ihren schöpferischen Gestaltungen bisher noch nie mit Ton, kennt das Tonen und Töpfern jedoch als Vorliebe einiger ihrer Freundinnen ganz gut. Es kann darum gehen, dass sich das neue Frauenbild, das sich in ihr konstelliert, mehr an der Erde, an dem Tonen und Formen mit den Händen ausdrücken will als in Gedankengängen.

Das bewusste Hauptthema, das sie zur Zeit des Traumes beschäftigt, ist die Frage, ob sie in dieser Phase ihres Lebens noch Mutter werden soll. Bisher hat ihr die Erinnerung an die eigene Mutter, die in ihren Augen zu sehr nur »Muttertier« gewesen war, den Zugang zum eigenen Muttersein verstellt. Die Auseinandersetzung mit der eigenen Mutter hebt auf diesen Traum hin auch im mittleren Alter noch einmal von neuem an. Die gewisse Reserve gegenüber dem Mütterlichen, die diese Träumerin bis dahin immer bestimmt hat, wird von dem Traum kompensiert, indem er ihr »das Mütterliche« in der Gestalt von etwas Ehrfurchtgebietendem, ja einer Göttin zeigt.

Mütterlichkeit

Wie auch immer in diesem kritischen Alter nahe der Vierziger Schwelle die Entscheidung für oder gegen ein physisches Kind ausfallen mag, diese Lebensphase scheint gebieterisch ein Ja der Frau zu ihrer Mütterlichkeit zu fordern, wenn sie sich nicht selbst verfehlen will. Gerade die kinderlose Frau wird in dieser Lebensphase immer wieder auf ihre Mütterlichkeit hin angesprochen, ja getestet, indem auch andere als leibliche Kinder, nämlich Schüler, Studenten und jüngere Menschen überhaupt immer wieder ihre mütterliche Kompetenz erwarten, fordern und oft dringend brauchen. In diesem Alter macht es keinen Sinn mehr, sich zu zieren, als könne man sich doch nicht auf etwas

Mütterliches – respektive Väterliches – hin ansprechen und verpflichten lassen. Die jungen Menschen, ja das Leben selbst erwarten es von uns im Sinne der Übernahme von Verantwortung, des Sorgetragens für die Heranwachsenden, Nachwachsenden, und wenn wir uns dem entziehen, drohen wir selber leer auszugehen und die besondere Erfüllung, die in der »Generativität«, der Sorge für die Nachkommenden besteht, zu verlieren.

Nicht zuletzt ist in dieser Lebensphase Mütterlichkeit beziehungsweise Väterlichkeit gegenüber den eigenen, jungen, jugendlichen inneren Impulsen gefragt, die wir verantwortlich übernehmen, denen gegenüber wir uns betreuend und sorgend verhalten sollten. Neue verantwortliche Aufgaben im Beruf, neue Ideen, zum Beispiel ein Bild, ein Buch, eine wissenschaftliche Arbeit zu schaffen, bedürfen in hohem Maße unserer Treue zu uns selbst und zu diesem inneren Kind, nicht anders als ein neugeborenes Kind es auch erfordern würde.

So träumt eine Frau von einem Tonkrug, dem antiken Gefäß, in dem auch Schriftrollen aufbewahrt wurden. Sie hat ihn in einer Höhle gefunden und trägt ihn nun mitsamt der wiedergefundenen Schriftrolle, die er enthält, wie ein Baby im Arm – ihr Baby ist das wissenschaftliche Buch, das sie anhand neu gefundener Texte über eine alte Göttinfigur veröffentlichen möchte.

Die Wiederbegegnung mit der Göttin als einer Gestalt aus der religiösen Tradition des Weiblichen und als eine Wiederbegegnung mit weiblichen Wurzeln der Kultur bringt für viele Frauen der jetzigen Generation darüber hinaus eine tiefere Verankerung in der eigenen Identität, in der Würde als Frau, in die man gerade in dem Alter der mittleren Erwachsenen eintritt.

Für viele von uns Frauen fällt in diese Phase des mittleren Erwachsenenalters auch der Beginn der Wechseljahre,

der Zeit des Abschiednehmens von der Periode der Emp-
fängnis- und Gebärfähigkeit, meist auch von den erwachsen gewordenen Kindern, Jahre schmerzlicher Ablösung
oft, in denen man sich, auch wenn es physisch und medizi-
nisch vielleicht noch möglich wäre, nicht unbedingt noch
ein Kind ertrotzen wird, sondern allmählich das innere
Kind, ja den Archetyp des »göttlichen Kindes« sich konstellieren spürt, so dass man beginnen kann, der Vergänglichkeit ganz bewusst eine spielerische Kreativität entge-
genzusetzen. Es gehört zum Wesen des göttlichen Kindes,
dass es nicht umzubringen ist, dass es alle Gefahren überlebt – wie der Jesusknabe den seinetwegen geplanten Kin-
dermord überlebt und durch die kreative Flucht seiner Eltern nach Ägypten gerettet wird. So können diese Jahre
auch Jahre des Aufbruchs in eine neue Freiheit hinein werden, wie sie das Leben uns Frauen vielleicht auch zugedacht
hat. Diese Jahre können die Chance sein, als ein eigener
Mensch mit einer neuen weiblichen Identität zu leben, die
sich nicht mehr primär vom Mann und seiner Zustimmung
ableitet. Die großen Frauen, die wir in Politik, Wirtschaft,
in Kunst, Pädagogik und Therapie kennen, entwickelten
sich meist in dieser Lebensphase zu den markanten Persön-
lichkeiten, die sie heute sind.

Neue Fruchtbarkeit aus dem Unbewussten

Zunächst nenne ich aber noch einige Träume, die von der
Verwandlung weiblicher Fruchtbarkeit in etwas anderes,
als es leibliche Kinder wären, berichten. Der Traum lautet
in der eigenen Niederschrift der Träumerin, die mit 53 Jahren am Ende des mittleren Erwachsenenalters steht:

»Ich bin in einem Labor. Eine Frau sieht durchs Mikroskop. Sie untersucht etwas von mir. Dann zeigt sie mir, was

sie sieht, und ich sehe durchs Mikroskop auf dem Objektträger Wasser, in dem viele kleine Fische schwimmen. Ich bin erschrocken, weil das ja heißt, dass in mir viele kleine Fische sind. Eine Frau neben mir sagt und zeigt, dass die Fische sooo groß werden! Sie zeigt eine Spanne von ca. einem Meter. Ich bin irritiert. Die beiden anderen Frauen sind ganz gelassen und ruhig, eher stolz über die Größe der Fische.«

Die Irritation, die diese merkwürdige Traumsituation in ihr auslöst, teilt die Träumerin mit: »Beim Aufwachen überlege ich, ob ich krank bin, weil Fische in mir sind. Spüre dann, dass es wichtig ist, gelassen zu bleiben wie eine Frau, die wohlwollend ein Kind in ihr sich entwickeln lässt. Eine Zeit der Schwangerschaft.«

Sie selbst, eine kinderlose Frau, wenn auch pädagogisch-therapeutische Mutter vieler ihr anvertrauter Kinder, spürt in dem Traum eine Analogie zur Schwangerschaft. Auf Gelassenheit und Wohlwollen kommt es bei dieser wie bei jeder Schwangerschaft an, so spürt sie, so liest sie es auch dem Verhalten der beiden untersuchenden Frauen ab. Diese sind selbstverständlich zugleich als innere Anteile von ihr selbst zu verstehen, forschende, untersuchende Anteile, die ihrem bewussten Ich beim Umgang mit diesem Lebensübergang schon etwas voraus sind, die aber von ihr integriert werden, als sie sich deren Einstellung zu dieser Fisch-Schwangerschaft anschließt.

Die eine dieser Frauen beginnt mit der Untersuchung einiger Anteile der Träumerin mittels Mikroskop. Irgendetwas muss ja der Untersuchung wert erschienen sein. Die Frage, ob alles in Ordnung mit ihr sei, muss in der Träumerin – wie zu Beginn von Lebensübergängen üblich – aufgekommen sein. Die Untersuchungsleiterin bezieht das Ich der Träumerin sofort mit ein, indem sie sie mit durchs Mikroskop schauen lässt und ihr zeigt, was sie selbst schon beobachtet hat: einen Tropfen Wasser, in dem viele kleine Fische schwimmen. Dies alles ist zunächst mikroskopisch klein, doch die Reaktion der Träumerin ist eindeutig und erheblich: »Ich bin erschrocken, dass in mir viele kleine Fische sind.« Ihre Irritation wächst noch, als eine weitere Frau neben ihr, die offenbar zum Untersuchungsteam gehört, ihr sagt und demonstriert, wie groß die Fische werden könnten, eine Spanne von einem Meter könnten sie erreichen. Die beiden untersuchenden Frauen lassen geradezu Stolz auf das mögliche Größenwachstum dieser Fische durchblicken, dazu eine Ruhe und Gelassenheit, die schließlich auch die Träumerin überzeugt.

Was aber kann der Fisch, können die Fische, die da symbolisch in ihr wachsen, ausdrücken? Da Fische ihrem Lebenselement, dem Wasser, nahestehen, können sie Boten aus der Tiefe, Verkörperungen seelischer Lebendigkeit sein, von denen jetzt viele in ihr vorhanden sind und denen großes Wachstum bevorsteht. Von ihrer Form her erinnern sie an Spermien, Samenfäden, Zeichen potentieller Befruchtung also. Bei zahlreichen Völkern ist der Fisch ein Symbol der Fruchtbarkeit und als solches ein weit verbreiteter Talisman. Als eines der ältesten Geheimsymbole für Christus mit Bezug auf die Wassertaufe und auf die getauften Christen kann der Fisch auch ein Symbol spiritueller Fruchtbarkeit sein – dies alles wären sinnvolle Hinweise auf die mögliche Fruchtbarkeit dieser Frau, jenseits der Wechseljahre.

Dieser Traum stand für sie in der Mitte einer Serie von Übergangsträumen, von denen der erste ein Jahr zurücklag, der nächste markante etwa drei Monate später folgte. Ich möchte auch diese beiden Träume hier einbeziehen, um zu verdeutlichen, dass Lebensübergänge oft eine längere Zeitphase beanspruchen und meist auch eine längere Kette von Traumbotschaften hervorrufen, ehe sie ganz vollzogen sind. Es zeigt sich hieran aber auch, dass sie, wenn sie wie die »Wehen« sich erst einmal ankündigen, unaufhaltsam sind.

Das Übersee-Schiff: Im Sog einer größeren Kraft

Die »Wehen« des Lebensübergangs, die die Fünfziger-Schwelle mit sich zu bringen pflegt, setzen für die damals Einundfünfzigjährige mit dem folgenden Traum ein, der das Motiv einer «Nachtmeerfahrt»[2] enthält. Unter »Nacht-meerfahrt« versteht man unter Berufung auf den Völker-kundler Frobenius die mythologische und archetypische Vorstellung, dass ein »Sonnenheld« in einer Arche oder einem Kästchen übers Meer fährt und schließlich ins Meer oder in ein Meerungeheuer eintaucht, um erneuert daraus hervorzugehen – eine Erfahrung, die symbolisch-psycho-logisch bei jedem Lebensübergang neu gemacht wird. Es ist die Nachtmeerfahrt einer Frau, die die Träumerin zwar mit ein paar anderen Frauen teilt, dennoch, so sagt sie, fühle sie sich im Erleben dieser Meerfahrt wie allein: »Die anderen Frauen sehe ich nicht, weiß nur, dass welche da sind, fühle mich in dem Boot aber allein.« Die Nachtmeerfahrt läuft laut ihrer Niederschrift dramatisch ab:

»Ich bin auf dem Meer. Es ist total dunkel, hohe Wellen, Sturm. Mit ein paar anderen Frauen sitze ich in einem Ret-tungsboot. Ich habe mich gerade noch hineinhangeln kön-nen. Das Boot hat keine Ruder mehr. Ein anderes Ret-tungsboot ist untergegangen. Ich habe unheimliche Angst. Wir treiben im Sturm dahin, nirgendwo ist Land zu sehen.

Plötzlich taucht schattenhaft ein großes Überseeschiff auf. Ich überdenke blitzschnell die Situation. Es gibt nur zwei Möglichkeiten: entweder geraten wir in den Strudel des Schiffes und gehen jetzt unter, oder wir geraten in sei-

nen Sog, werden mitgezogen und kommen dadurch in
einen Hafen. Meine Angst steigert sich bis ins Unendliche,
und plötzlich merke ich, dass das Boot mitgezogen wird.
Irgendwann komme ich an einem Strand an, steige aus dem
Boot, laufe den Strand hinauf, steige über eine Mauer und
frage einen Mann, wo ich jetzt sei. Er antwortet in fremder
Sprache, ich kann ihn nicht verstehen, aber ich bin froh,
wieder an Land zu sein.«

Die Träumerin, die das Meer kennt und eigentlich liebt,
erlebt sich auf dem offenen Meer, bei Dunkelheit und
Sturm in einem Rettungsboot. Der Untergang ihres Schiffes, das ihr eigentliches Transportmittel für den Lebensübergang darstellte, ja vielleicht sogar ihr bisheriges »Lebensschiff« war, muss vorausgegangen sein. In ihrem kleinen Boot, das zudem seine Ruder verloren hat und damit
steuerlos geworden ist, treiben sie in dem nächtlichen
Sturm dahin, ohne jede Aussicht auf Land. Die Träumerin
spricht in dieser Situation von »unheimlicher Angst«. Da
taucht in fast aussichtsloser Situation – von der transzendenten Funktion der Psyche gerufen, erschaffen – die un-
mögliche Möglichkeit auf, zuerst nur schattenhaft wahr-
nehmbar: ein großes Überseeschiff. Es ist diesem Sturm
gewachsen, ein Schiff, das wirklich für eine Reise nach
Übersee, für einen großen Lebensübergang, wie er für die
Träumerin offensichtlich ansteht, ausgerüstet ist. Wie aber
kann sie in ihrem steuerlosen Rettungsboot mit diesem
Schiff in Kontakt kommen? Es ist Nacht, eine Möglichkeit,
sich bemerkbar zu machen, ist nicht vorhanden. Da über-
denkt sie blitzschnell die Situation, die beiden einzigen
Möglichkeiten, die sich jetzt auftun: Untergang oder Mit-
gezogen-Werden, beides kann das überlegene Übersee-
schiff samt seinem Sog mit sich bringen, wie der Wal im
Jona-Mythos auch: vielleicht gerade eine Rettung durch das
Hineingeraten in den Sog. In dieser Entscheidungssituation

auf Leben und Tod, die die Träumerin wahrnimmt, steigert sich, wie sie schreibt, »meine Angst bis ins Unendliche«, bis sie plötzlich den Umschwung zur Rettung hin erkennt. Das Boot wird tatsächlich mitgezogen und nicht verschlungen.

Irgendwann landet sie an einem Strand, dort bleibt sie aber nicht gelähmt liegen, sondern wird, wie auch Jona nach seinem Ausgespienwerden auf das Land, nun wirklich aktiv. Zunächst übersteigt sie das erste Hindernis, eine offenbar nicht allzu hohe Mauer, und wagt dann den Kontakt mit einem fremden Mann, der hier auftaucht, um sich zu orientieren, wo sie ist. Doch er antwortet in einer fremden Sprache, die sie nicht versteht. Einfach ist also die Orientierung, die Kontaktaufnahme mit dem Unbekannten nicht – so sagt diese Szene –, doch das dankbare Gefühl, gerettet und an einem neuen Ufer angekommen zu sein, übersteigt in diesem Moment alle Angst vor dem Ungewissen. Der Traum zeigt den ersten Schritt auf neuem Boden an, ein Gerettet-Sein, ein Überlebt-Haben. Der nächste Schritt, ein Erkunden und Integrieren des Neuen, liegt noch vor ihr.

Schon damals zeichnete sich in ihrer Lebenssituation und vor allem in ihrer beruflichen Situation etwas Unhaltbares ab, und das bisherige, langjährige Lebensschiff, ihre Mitarbeit an einem Institut, schien im Sinken zu sein, sie wurde buchstäblich ausgebootet. Abgesehen von der tiefen persönlichen Kränkung, die ein solches Ausgebootetwerden für die qualifizierte Mitarbeiterin bedeutete, brachte es sie auch wirtschaftlich in eine bedrohliche Lage. Die Situation erwies sich als lebensbedrohlich und wurde deshalb im Traum von einem Sturm auf dem Meer dargestellt. Nur im Kielwasser eines wirklichen Überseeschiffs, einer neuen, weitreichenden Perspektive, wäre sie zu bewältigen, so sagt der Traum, falls sie nicht von dem Anspruch dieser neuen

Perspektive selber überwältigt und verschlungen werden würde. Ihre weitreichende Perspektive – es war die Idee, sich selbständig zu machen – trug die Träumerin aus dem Gefühl heraus, damit überfordert zu sein, noch ein Jahr lang unverwirklicht in sich herum, indem sie in einer unbefriedigenden Zwischenanstellung verblieb, die sie mehr demütigte als befreite. Im nächsten Jahr erwies auch diese sich als endgültig nicht mehr länger haltbar, was sich im folgenden Traum der nunmehr zweiundfünfzigjährigen Träumerin niederschlug:

Klärprozesse

»Ich bin in einer Kläranlage und gehe auf den Beckenrändern entlang. Rechts von mir ist das den Klärprozess steuernde Kraftwerk. In jedem Becken gibt es ein großes, nach unten gebogenes Rohr, durch das die neuen Abwässer in die Becken gespült werden. Plötzlich wird ein Rohr abgestellt. Ich denke, dass der Schlammberg unter Wasser wohl zu hoch geworden ist. Ein anderes Rohr wird angestellt. Diese Rohrbeugung endet etwas über dem Wasser auf einer schrägen Steinwand. Man sieht deutlich die Beschädigung, die die Chemikalien über die Zeit in den Stein gefressen haben. Es ist ein schwarzer Fleck. Auf einmal merke ich, dass das Wasser alle Becken überflutet. Ich denke, dass jetzt in der Stadt eine Stoßzeit ist, viel Wasser verbraucht wird. Mir wird es unheimlich, ich befürchte, dass ich ausrutsche und in eines der Klärbecken falle. Meine Füße sind schon überschwemmt, auch könnten die Chemikalien im Klärbecken meine Haut angreifen. Ich gelange vorsichtig wieder auf festen Boden.«

Das Bild der Kläranlage in der ersten Traumszene zeigt, subjektstufig genommen, an, dass die Träumerin ständig mit dem Klären einer verunklarten Situation, mit verunklartem Wasser – seelischer Energien – beschäftigt ist. Sie könnte aber einen furchtbaren »Reinfall« erleben, wenn sie länger in dieser Situation – pausenlos mit der Betrachtung des Klärprozesses beschäftigt – bliebe, es könnte ihr gefährlich ätzend unter die Haut gehen, und es ist länger nicht haltbar, auf den Beckenrändern entlangzugehen und damit Gefahr zu laufen, in die Klärgrube zu stürzen. Die Träumerin darf sich nicht länger – so legt der Traum ihr nahe – mit der Beobachtung eines Klärungsprozesses aufhalten, der offensichtlich, da die verschmutzten Wassermassen überhand nehmen und die Leistungsfähigkeit des Werkes überfordern, nicht mehr zu bewältigen ist. Sie übersteigen die Kapazität der Kläranlage. Jahrelang hat sich die Träumerin mit der Verunklarung, die an ihrem Institut entstanden ist, auseinandergesetzt, hat einen Klärungsprozess vorangetrieben gegenüber einer immer neu alles verdunkelnden Dynamik, einen Klärprozess, in dessen Beobachtung sie sich quasi verbissen hatte, ohne zu merken, wie stark er ihr selbst die seelischen Energien wegzog. Nun sagt ihr der Traum, dass die Schlammflut so hoch gestiegen sei, dass sie endgültig in Gefahr gerate, auszugleiten, hineinzufallen, in ihr zu ertrinken. Auch über das Austragen und Reflektieren von chronischen Konflikten versäumen wir ja unter Umständen kostbare Lebenszeit und die fälligen Lebensübergänge für uns selbst!

Das Traumgeschehen dieser Nacht zeigt ihr jedoch nicht nur die Gefahr auf, in die sie geriete, wenn sie jetzt nicht aus der festgefahrenen Situation weggingе, sich ablöste – was sie schließlich tut und vorsichtig wieder auf festen Boden gelangt –, sondern ein weiterer Traum in der gleichen Nacht weist ihr auch alternative Möglichkeiten auf. Noch in der gleichen Nacht träumt sie:

Wachstumskeime

»Ich komme zu einem kleinen Platz, wo eine Seitenstraße in eine größere Straße mündet. Eine kleine Gruppe von Jugendlichen übt mit einer Frau gerade für das morgen stattfindende Fest einen Tanz ein. Sie fordert mich auf, mitzutanzen. Ich tanze mit. Irgendwie geht es um völkerverbindende Motivationen.

Dann sitze ich mit der Gruppe in einem sehr hohen Raum (wie im Glashaus im Botanischen Garten). Seitlich rechts steht ein sehr großer Baum im Kübel. Ich bestaune den Baum, hätte gern einen Ableger und frage einen jungen Mann, wie ich den Ableger ziehen muss. Er zeigt mir einen Spross mit einem langen, durchsichtigen Ende unten wie aus Gelatine und sagt, dass ich ihn in die Erde stecken müsste. Meine Therapeutin beugt sich über mich, sieht eine Markierung auf dem Gelatineteil und sagt, dass an dieser Stelle Dünger gegeben werden müsse. Ich frage, ob der Steckling auch bis dort in die Erde müsse? Ich dachte, dass er nur etwas hineingesteckt zu werden brauchte. Der Hinweis meiner Therapeutin war sehr wichtig, der Steckling musste so tief in die Erde. Dann sehe ich am Baum nach oben, bin zuerst irritiert, erkenne, dass der eine Baum drei verschiedene Baumarten hat. Ein großer Ast trägt gerade viele kleine Blüten.«

Sie gelangt offenbar durch eine Seitenstraße – nicht auf der bisher gegangenen Straße, die offenbar immer bei der Kläranlage landete – auf einen kleinen Platz. Diese Kreuzung bildet zugleich ein kleines Zentrum: im Traum immer ein Ort, an dem etwas für die Selbstfindung Zentrales geschieht. Hier ist im Kontrast zu der düster einsamen Kläranlagenatmosphäre die Vorbereitung eines Festes in Gang. Jugendliche, also junge Kräfte in ihr selber, üben einen Tanz ein unter Anleitung einer Frau, die auch die neu hinzuge-

kommene Träumerin, das Traum-Ich, auffordert und ein-
lädt, mitzutanzen – was diese auch wirklich tut. »Irgendwie
geht es um völkerverbindende Motivationen«, kommen-
tiert die Träumerin diesen Tanz, der in wohltuendem und
krassem Gegensatz zu dem Dauerkonflikt zwischen den
Parteien des Instituts steht, der sich hinter dem allzu langen
Aufenthalt bei der Kläranlage verbarg.

Dreierlei scheint mir an dieser Alternative, die das
Traumbild aufzeigt, wichtig zu sein: dass sie sich erstens in
einem kleinen Zentrum, wo Menschen und Kräfte sich
sammeln und verbinden können, abspielt. Der Ort, an dem
ein Traum spielt, bestimmt ja, wie auf der Bühne auch, den
Gesamtcharakter der Szene, die jeweils dargestellt wird; be-
deutsam ist zweitens, dass sie von Jugendlichen, also jungen
und unverbrauchten Kräften in ihr getragen wird (die Träumerin hat selbst als Jugendliche mit viel Begeisterung und
Gewinn an einem Jugendchor teilgenommen, eine glückliche Erinnerung, die in dieser Traumszene und Tanzszene
wieder aufklingt); und dass sie drittens aufgefordert wird,
mitzutanzen und es auch tut. So wird sie aus ihrer Isolati-
on, ihrem Einzelkämpferinnentum herausgelockt und zu
einer Gruppe eingeladen, ja zu einem Gruppentanz. Grup-
pentänze, die meist auf alten festlich-rituellen und spirituellen Traditionen der Völker beruhen, haben etwas besonders Verbindendes der Tanzenden untereinander, der Tanzenden aber auch mit uralten Traditionen, die oft um Übergangsrituale wie Geburt, Hochzeit und Tod kreisen und
auch die jahreszeitlichen Übergänge, wie die Sommer- und
Wintersonnenwende, die Mondwechsel-, die Aussaat- und
Erntefeste besonders bedenken. Darüber hinaus verbinden
die Tänze auch die Völker untereinander, so wie die Lieder
sie verbinden, eine Erfahrung, die die Träumerin bei ihren
weltweiten Tourneen mit jenem Jugendchor in den sie prä-
genden Jugendjahren machen konnte und die ihr unverges-

sen sind. Also tanzt sie auch hier mit, der Einladung jener
Frau – dies alles steht unter weiblicher Regie – gerne folgend.

Ich will hier nur andeuten, auf wie elementare und intensive Weise das Tanzen auch auf die Leiblichkeit, das Kör-
perselbst der Betroffenen wirkt, wie es den Körper wieder
bewusst macht und wie er, mitbewegt und mitgetragen von
einem ganzen Kreis von Menschen, sich wieder aufgenommen und zugehörig weiß, ein starkes Therapeutikum gegen
frühe und späte Erfahrungen von Selbstentfremdung, Aus-
gestoßensein und Ausgebootetsein, so wie sie auch unsere
Träumerin vielfach machen musste.

So verheißungsvoll diese Traumszene auch auf uns wirkt,
die Träumerin muss beim Gespräch über den Traum eine
Einschränkung machen, dass sie nämlich während des
Traumes die Bedeutung dieses Tanzens noch nicht ganz
empfunden und gewürdigt habe, dass es ihr eher ein wenig
kindlich vorkam, was die Jugendlichen da machten, und
auch, dass sie da mitmachte.

So muss denn der Traum noch zu einer weiteren Szene
ausholen, um die Träumerin endlich zu überzeugen, dass es
wirklich neue Lebensmöglichkeiten – jenseits des Aufent-
haltes bei der Kläranlage – für sie gäbe. Sie kommt also
mit der Gruppe – der gleichen Gruppe von Jugendlichen
wohl – in einen sehr hohen Raum, der einem Glashaus im
Botanischen Garten gleicht. Es handelt sich wohl um ein
Gewächshaus. Dort erweckt ein sehr großer Baum, der allerdings – noch – in einem Kübel steht, ihre Aufmerksam-
keit, ja ihr Staunen, so sehr, dass sie sich einen Ableger dieses Baumes wünscht, um ihn selber großziehen zu können.
Ein junger Mann, der wohl zum Gewächshaus gehört,
zeigt ihr auf ihre Bitte um Anleitung hin einen Spross mit
einem langen durchsichtigen Ende, das sie in die Erde
stecken müsse. Zu dem ersten Hinweis des jungen Gärt-

nerburschen, den sie selbst erbeten hat, kommt in dem
Traum noch der präzise Hinweis ihrer Therapeutin, die
sich spontan über sie beugt, diesen Steckling richtig zu
düngen und ihn bis zu einer Markierung hin tief in die Erde
zu stecken. Von sich aus hätte sie ihn wohl, so meint sie
selbstkritisch im Gespräch, »nur etwas hineingesteckt«.
Hier wird deutlich, dass sie überzeugt davon ist, zur ge-
deihlichen Einpflanzung des Setzlings – so viel ihr daran
liegt – doch auch noch der Anleitung von Fachleuten zu
bedürfen. Sie sieht sich selbst in Gefahr, den Steckling nicht
tief genug einzupflanzen. Hat sie Erfahrungen mit sich
selbst gemacht, dass sie bei solchen Versuchen nicht intensiv genug vorging? Die präzise Beratung, die sie dazu ein-
holt, spricht jedoch gerade für ihre jetzige Umsicht im Umgang mit der zarten Pflanze.

Erst nach dieser Orientierung, die sie über den pflegli-
chen Umgang mit dem Setzling eingeholt hat, den sie so
gerne selber großziehen will, nimmt sie den entsprechenden Baum noch genauer in Augenschein, führt ihren Blick
an ihm entlang nach oben bis in seine Krone. Zuerst ist sie
irritiert über das, was sie da wahrnimmt, vor allem an einem
großen Ast, der gerade dreierlei Blüten trägt. Sie nimmt
wahr, dass dieser eine Baum drei verschiedene Baumarten
in sich vereinigt. Sie ist zuerst irritiert, als sie das sieht. Bedeutet es etwa, dass es diesen Baum gar nicht gibt, dass er
gar nicht lebensfähig, ein illusionärer Baum ist? Über-
nimmt er sich nicht mit dieser dreifachen Anlage? Oder bedeutet es, dass er ein gegensatzvereinender Baum ist, der
sogar dreierlei Art »unter einen Hut« zu bringen vermag?
Erlebt sich die Träumerin selber als von dreierlei Art, und
wäre dann dieser Baum ein Symbol für die Möglichkeit,
diese Unterschiede miteinander zu verbinden, ineinander
zu integrieren? Der Baum ist ja häufig ein Symbol für uns
selbst, wenn er im Traum erscheint, für unser eigenes

Wachstum, für unsere Möglichkeiten und Schwierigkeiten. Wenn die Träumerin womöglich drei unterschiedliche Anlagen in sich verspürt, dann ist es kein Wunder, dass ihr so sehr viel daran liegt, einen Ableger dieses Baumes zu bekommen und ihn selber fachgerecht großzuziehen. Muss ihr doch alles daran liegen, diese dreifache Anlage irgendwie in sich zu verbinden. Vielleicht kann sie ihren Setzling, wenn er sich gut entwickelt, dann sogar der freien Natur aussetzen – damit er nicht wie der im Traum erschienene Baum nur im Kübel und unter Gewächshausbedingungen groß werden kann. Wird es vielleicht Zeit, so könnte man weiter phantasieren und imaginieren, diesen groß gewordenen Baum selber aus dem Gewächshaus ins Freie umzupflanzen? Auch dieser große Baum muss doch, subjektstufig betrachtet, etwas groß und schön Gewachsenes und Gegensatzvereinendes in ihrer eigenen Innenwelt sein! Sind die Gewächshausbedingungen, unter denen er heranwachsen konnte, vielleicht mit denjenigen einer mehrjährigen Therapie zu vergleichen, die guten Schutz und Anreiz für Wachstum bot, ein Wachstum, das aber jetzt, wie der Wunsch nach Selberpflanzen zeigt, wieder in die eigene gärtnerische Regie genommen werden könnte? Könnte dieser Traum nicht auch anzeigen, dass die Zeit reif ist für diesen Schritt, der ja auch einen Lebensübergang bedeutet?

Eine Neuentwicklung wird in dieser Phase möglich, wann und wo immer der Ichkomplex sich so weit emanzipiert, wie er es in dieser Phase könnte und sollte. Auch Konflikte mit der beruflichen und persönlichen Umwelt könnten uns in dieser Phase dann nicht mehr einfach aus der Bahn werfen, sondern sie würden als selbstverständliche Begleiterscheinungen des Daseins hingenommen und geradezu erwartet. Im Umgang mit Konflikten sind wir in der Phase des mittleren Erwachsenenalters geübter als zuvor, haben persönliche Strategien entwickelt und wissen einigermaßen um die Natur des Menschen und damit auch um die eigene, um die immer wieder vorkommende Aggression, den Neid, die Vorurteile gegeneinander. Haben wir aber die eigene Schattenhaftigkeit erst einmal erkannt, so können wir nun realistischer mit ihr umgehen und müssen auch wegen der Schattenhaftigkeit anderer nicht mehr alle und alles um uns herum entwerten – und eben auch uns selber nicht. Dies ist die Chance dieser Phase des mittleren Erwachsenenalters. Unsere grundlegenden Komplexe werden natürlich auch in dieser Phase noch spürbar sein, für uns selbst und für die anderen, als die Probleme, die uns charakterisieren, aber auch auszeichnen, die uns aber von nun an nicht mehr total bestimmen müssen. »Den einen Fehler immer wieder machen, den Fehler, mit dem man ausgezeichnet ist«, so beschreibt Ingeborg Bachmann dieses ebenso beunruhigende wie letztlich doch auch beruhigende Phänomen.

Dieser Phase des relativ autonom gewordenen Ich-Komplexes entspricht es auch, dass wir in neuer Weise Verantwortung für das eigene Leben übernehmen und sie noch weniger delegieren als früher. Bei uns Frauen müssen jetzt nicht mehr einfach unsere Mütter, Väter oder unsere Männer, auch nicht unsere Freundin an etwas schuld sein, was uns widerfahren ist, sondern wir beginnen zu akzeptieren, dass es primär an uns selber liegt, wie wir unser Leben in die Hand nehmen. Nun akzeptieren wir, voll erwachsen zu sein, nicht mehr die abhängigen Kinder. Wir sind diese Kinder von damals nicht mehr! Jetzt können wir fragen, was für uns persönlich in diesem Leben wesentlich ist, auch angesichts der offensichtlich nicht unbegrenzten Lebenszeit, die wir noch haben. Ganz bewusst können wir versuchen, angesichts der spürbaren Vergänglichkeit kreativ zu leben, Kreativität im Sinne einer Realisation unser selbst, auch im Blick auf die Gestaltung der Welt um uns herum.

Der Archetyp des göttlichen Kindes kann – wie gesagt – für uns wichtig werden als ein Bild für diese kreative Entwicklungsmöglichkeit, für unser »inneres Kind«. Frauen träumen in diesem Alter sowohl vom Kind als auch von der alten Weisen.

Das magisch geschützte innere Kind

Eine Flüchtlingsfrau aus dem Osten träumte, ein Kind, das sie als ihr eigenes empfand, liege in der Mitte eines großen Raumes und sei mit einem Schutzkleid angetan. Die Schleppe des Schutzkleides weise auf einen Haufen Schutt hin. Als sie den Schutt untersucht, erkennt sie, dass ein toter Soldat darin liegt, der eine Uniform ähnlich einer alten Ritterrüstung trägt. Doch während sie ihn und den Schutthügel untersucht, erhebt sich plötzlich ein großer, bunter Vogel daraus und fliegt frei in die Luft.

Der Frau fällt sofort der Vogel Phönix dazu ein, der sich, wie die Sage sagt, immer wieder aus der Asche erhebt. Das Wichtigste ist für sie, die in einem der osteuropäischen Bürgerkriege ihre Heimat verloren hat, dass sie sich jetzt, in einem Alter, in dem sie nicht mehr gebären kann, als Mutter eines Kindes sieht, das im Zentrum ihres Lebensraumes liegt. Dieses Kind nun, es kann nur ein inneres Kind sein, trägt ein magisches Schutzkleid, das es vor den Wechselfällen des äußeren Schicksals bewahrt. Es ist ihm ganz eigen und wird ihm nicht verlorengehen. Dieses Schutzkleid ist zugleich verbunden mit einem merkwürdigen Schutthaufen. Sie kann trotz des Kindes und wegen des Kindes nicht übersehen, was es in ihrem Leben an Zerstörung gegeben hat. In diesem Schutthaufen aber ruht ein Soldat, der sie durch seine Uniform und Ausrüstung irgendwie an einen Ritter erinnert. Dieser Schutthaufen hat ihn begraben, ist sein Grab geworden. Unter dem Schutthaufen versteht die Träumerin alles das, was sie auf ihrer Flucht zurücklassen musste und was ihr durch ihre Lebensumstände zerstört worden ist. Zu dem, was da gestorben ist, gehört auch ihre eigene soldatisch-ritterliche Einstellung, die Einstellung der Kämpferin in ihr selber, die bisher alles tapfer durchstehen zu müssen glaubte. Diese Einstellung ist gestorben, so sagt der Traum, und gibt stattdessen einer Wandlungsfähigkeit in Gestalt eines Vogels Raum, der sich aus dem Schutt und der Asche ihrer bisherigen Identität erhebt. Sie selbst empfindet ihn wie einen Vogel Phönix, der durch Tod und Zerstörung hindurch immer wieder zu neuem Leben erwacht. Dieser Traum ist ein starkes Bild für das, was die Lebensphase des mittleren Erwachsenenalters hervorbringt: das Ende des idealistischen Ritterseins, um dafür ein neues schöpferisches Kindsein einzutauschen, das in magischem Schutzkleid ins Zentrum des Lebens tritt und das sich wandeln und entwickeln kann.

Jesus als Delphin

Für eine andere Frau, derzeit einundvierzig, in der kirchlichen Erwachsenenbildung tätig, ändert sich der Bezug zum »Proprium«, dem Eigentlichen dieser Arbeit, das ihr die Kirche immer wieder vorschreiben wollte, nach einem befreienden Traum, der ihr wie eine Schwellenüberschreitung in ihrer religiösen Entwicklung erschien und ihr von da an große Eigenständigkeit und Authentizität in ihrer Berufsausübung verlieh.

»Ich sehe im Traum einen jungen Mann in der abenteuerlichen Kleidung derer, die auf ihrer spirituellen Suche bis nach Indien reisen, und weiß auf einmal, dass es sich um Jesus selber handelt. Dieser junge Mann nun wird verhaftet und soll sich vor dem Landeskirchenamt verantworten, das seine religiöse Einstellung prüfen will. Er wird in einem vergitterten Wagen eine Anhöhe hinan in Richtung Landeskirchenamt gefahren. Dabei führt die Straße an einem Steilufer entlang, von dem aus man in der Tiefe den Fluss heraufblitzen sieht. Auf einmal biegt der junge Mann, also Jesus, mit einem einzigen Griff das Gitter des Wagens auseinander und springt in einem herrlichen, kühnen Satz von dort aus hinab in den Fluss. Noch im Fluge verwandelt er sich in einen silberglänzenden Delphin, der in den Fluten verschwindet.«

Der junge Mann, also Jesus, verwandelt sich in einen Delphin und ist dem Verhör durch das Landeskirchenamt gänzlich entzogen! Die Träumerin ist ergriffen und wie befreit durch diesen Schluss des Traumes. Es macht sie jedoch sehr nachdenklich, dass der Traum ihr erläutert, dass sich in diesem wie vielleicht in jedem der jungen Leute, die sich auf spirituelle Suche begeben und denen sie in ihrer Erwachsenenbildungsarbeit eine geistige Heimat zu geben versuchte, etwas von Jesus selbst verbirgt. Dies ist für die theologisch-kirchliche Kontrolle unerreichbar, so sagt dieser Traum und gibt damit der Träumerin eine tiefe Gewissheit, dass sie mit ihrem persönlichen Weg, die Bildungsprogramme zu gestalten, auf der richtigen Spur ist.

Subjektstufig verstanden ist diese Jesusgestalt, die sich in den Delphin verwandelt, natürlich zugleich ihr eigenes inneres Christusbild, der Christus in ihr. Seine Verwandlung in den Delphin – übrigens ein uraltes geheimes Christussymbol seit der Katakombenzeit – bedeutet für sie auch, dass Jesus eine Zeitlang in die Tiefen des Unbewussten eintauchen, zum Delphin, zum weisesten aller Meeresgeschöpfe werden müsse, um als Seelenführer durch die Bereiche der Seelentiefe den Menschen wiederzubegegnen, die bis in diese Tiefen vorstoßen. Auch für sie bedeutete es, eine Zeitlang den Mut zu haben, ihr Christusbild bewusst theologisch nicht bestimmen zu können, um es dafür in einer Tiefe als lebendig zu erfahren, die ihr bis dahin unbekannt geblieben war. Dieser Traum leitete einen Lebensübergang für sie ein, in dem sie der seelischen Erfahrung den Vorrang vor jedem dogmatischen Wissen und Glauben gab, wobei sich ihr berufliches Wirken immer stärker auf Seelsorge verlagerte und weniger auf »Verkündigung«.

In der Wüste baut man keine Häuser

Im mittleren Erwachsenenalter, von der Vierziger-Schwelle an, erhebt sich zugleich die Aufgabe, das Leben als »abschiedliche Existenz« (Weischedel) zu begreifen und es doch zugleich immer mehr als bezogene Existenz zu leben und aufzubauen. Hierher gehört der Traum eines 38-jährigen Mannes, der zur Zeit von dem Bau seines ersten Hauses gänzlich erfüllt und davon beansprucht ist. Fast scheint es zu dieser Zeit für ihn gar nichts anderes mehr zu geben als die Sorge um dieses Haus. Da bricht ein Traum überraschend und aufschreckend ein:

»Ich bin in der Wüste, auf einem Kamel. Mit mir sind einige Beduinen. Die Karawane geht sehr gemächlich vorwärts. Immer wieder treffen wir Menschen, mit denen wir Waren austauschen an Orten, wo eigentlich gar keine Zelte zu sehen sind. Wir lagern. Es ist sehr primitiv und vorläufig. Ich beschwere mich darüber, sage, es könnte doch ein Sandsturm kommen, dann wären wir ungeschützt. Ein älterer Beduine sagt zu mir: ›In der Wüste baut man keine Häuser, man geht immer weiter.‹«[3]

Sowohl ein Gefühl der Befremdung wie auch eines der Stimmigkeit kämpften in dem Träumer miteinander, als er diesen Traum erzählte. Es schien ihm befremdlich, sich selber in der Wüste und als Teil einer Karawane vorzufinden, zu der er wohl gehörte, aber deren Aufgabe er gar nicht kannte. Und eine Aufgabe musste ein Mensch nach seiner Auffassung doch haben! Andererseits empfand er, dass diese Lebensform des Immer-weiter-ziehen-Müssens irgendwie der Wirklichkeit entspreche, so sehr das im Moment mit seiner Überzeugung, ein Haus bauen zu wollen und zu müssen, im Widerspruch stand. Was wollte nur dieser Traum von ihm, gerade jetzt, wo er sich entschlossen hatte, sesshaft zu werden, was für ihn auch bedeutete, sich für einen bestimmten Lebensstil zu entscheiden und als sichtbares Zeichen dafür ein Haus zu bauen. Diesseits der Vierziger-Schwelle ist es ja kaum möglich, ein Haus zu erbauen, da man dafür auch die nötigen Ersparnisse und die nötige berufliche Position haben muss. Auch bedarf es der gerade in den dreißiger Jahren dringend geforderten Verbindlichkeit, des Mutes, sich auf etwas Festes einzulassen, ehe man es wagt, ein Haus zu bauen. Und nun diese Verunsicherung! Doch träumte er diesen Traum offenbar gerade deshalb, weil er sich mit seiner Konzentration auf den Hausbau und allen seinen Phantasien um dieses Haus herum doch allzusehr auf dieses zu fixieren drohte. Der Traum meint sicher nicht, dass er dieses Haus nicht bauen solle. Er weist ihn nur darauf hin, dass er damit in Gefahr gerät, sich einer größeren Lebensbewegung und einem größeren Horizont gegenüber »einzuengen«.

Dieser Traum hat wie viele Träume eine kompensatorische Funktion und Tendenz, indem er dem Träumer nahebringen will, dass wir Menschen zugleich eine nomadische Existenz zu leben haben, dass uns kein Haus davor bewahren kann, weiterzuziehen, uns weiterentwickeln zu müssen, Wandel und Wechsel von Beziehungen bestehen zu sollen. Dass unser Leben »abschiedlich« gelebt werden muss und kein sicherer Rückzugsort uns davor zu bewah-

ren vermag, das lehrt dieses Bild von der Wüstenwande-
rung, wo man seine mobile Habe mitnimmt, Tier und Zelt
mit einem gemeinsam unterwegs sind: »Die nomadische
Lebensform ist eine Lebensform, die der Vergänglichkeit
voll Rechnung trägt und sich selbst in diesen Rhythmus
von Vergänglichkeit und neuem Werden einschwingt. Im
Nomaden ist aber auch das Bild des Immer-weiter-Gehens
ausgedrückt, ein Bild, das zu unserem Leben, das den Tod
und die Zeit kennt, passt: Wir können nie eigentlich ste-
henbleiben.«[4]

Schutzvorrichtungen gegen die Vergänglichkeit

Im mittleren Erwachsenenalter bricht endgültig das Bewusstsein der Zeitlichkeit, ja der Sterblichkeit auf. Gegen
Ende dieser Phase zeigt sich diese Perspektive verschärft im
Traum eines 52-jährigen Mannes:
»Ich bin in einer kleineren Stadt in der Wüste, die architektonisch wunderhübsch gebaut ist, auch sehr schön angelegt. Ich bekomme den Auftrag, diese Stadt davor zu schützen, dass die Wüste sie wieder zudeckt. Mir liegt diese Stadt
sehr am Herzen, ich sehe aber auch die Sanddünen vor der
Stadt und spüre, dass es eine schwierige Aufgabe sein wird,
die Stadt zu schützen. Ich weiß auch nicht recht, wie ich das
anstellen könnte. Mir fallen die Lawinen-Verbauungen ein.
Ich entschließe mich, Lawinen-Verbauungen machen zu
lassen und an deren Rückseite Wasserleitungen zu ziehen,
um viele Bäume zu pflanzen. Ich suche Menschen, die mir
helfen. Aber niemand sieht ein, dass meine Idee gut ist. Ich
werde missmutig, bin aber entschlossen, die Lawinen-Ver-
bauung zu errichten.«[5]
Kurz zuvor hatte der Träumer ein Oasen-Städtchen ähnlicher Art kennengelernt und sich stark davon beein-

drucken lassen, wie wichtig der Kampf gegen den Sand dort ist. Die Bedrohung durch die Vergänglichkeit des Lebens ist in diesem Alter bewusster, bedrängender geworden, wie die erste Reaktion des Träumers auf diesen Traum zeigt: »Es kommt in der Wüste darauf an, dass man dem Angriff des Windes standhält, dass der Wind nicht einfach mit einem macht, was er will.« Der Traum zeigt, dass der Träumer zwar die Gefahr, die mit dem Vordringen der Wüste verbunden ist, ernst nimmt, dass er sich aber doch auch zu wehren lernt gegen die Resignation und das Ohnmachtsgefühl gegenüber dem stetigen Überhandnehmen der Wüste, angesichts dessen die Mitbetroffenen – auch dies sind Anteile von ihm selber – offenbar nicht recht bereit sind, Hoffnungsperspektiven und rettende Ideen mitzutragen. Deshalb muss auch der Träumer gegen den aufkommenden Missmut im Traum kräftig ankämpfen, was er aber auch tut. Die schön angelegte Stadt mag für sein eigenes, kultiviertes Stück Leben stehen, das er, Künstler von Beruf, sich tatsächlich aufgebaut und ausgebaut hat. Er spürt in diesem Traum, dass es ihm etwas wert ist und er es bewahren möchte vor den Naturgewalten, letztlich vor der Vergänglichkeit menschlichen Lebens. Da besinnt er sich auf eine Möglichkeit, Kulturland und Siedlungen zu schützen, die sich in seiner schweizerischen Heimat bewährt hat, auch angesichts einer immer überlegenen und oft überwältigenden Natur, nämlich Lawinen-Verbauungen anlegen zu lassen. Auch wenn es letztlich keinen Schutz gibt gegen den Tod, so bleibt es doch sinnvoll, das Leben und das Gestaltete zu schützen, so lange es geht.

Was bedeutet der Traum speziell in der Lebenssituation dieses Künstlers? Er entdeckt hier, im Bilde der auch architektonisch schön gestalteten Stadt, noch einmal neu, dass er in seinem Lebenswerk bereits sehr Schönes geschaffen hat und es ihm auch wert ist, geschützt zu werden. Damit

kompensiert der Traum eine längere Phase der Entmuti-
gung bei ihm, in der ihm angesichts der Zeitbedingtheit und
der Vergänglichkeit aller Dinge sein Werk selber wie ent-
wertet vorgekommen war, bedroht von dem vordringen-
den Sand der Vergänglichkeit, der alles zudeckt. Der Traum
fordert ihn heraus und zeigt ihm auch seine Ressourcen
und Einfälle: das schöpferisch Jugendliche in ihm, das er
dem Verschüttetwerden entgegensetzen kann. Im Schutze
der Lawinen-Verbauungen gedenkt er Wasserleitungen an-
zulegen und Bäume zu pflanzen, nicht nur die alte Stadt
also, sondern auch das neu angelegte Leben zu behüten,
dazu den Energiezustrom, das Wasser also zu sichern und
dafür zu sorgen, dass alles in Fluss bleibt. Dies ist eine typische Einsicht des mittleren Erwachsenenalters, wie sie bei
Überschreitung der Fünfziger-Schwelle gemacht werden
kann, aber auch gemacht werden muss, wenn das wachsende Bewusstsein von der Vergänglichkeit des Lebens, unseres Werkes, ja unsere Sterblichkeit uns nicht in bloße Ohn-
machtsgefühle und Resignation stürzen soll. Es ist der Mut
des »ernüchterten Menschen« (Guardini[7]), das im Leben
Gestaltete zu bewahren und vor der Vergänglichkeit zu
schützen, auch wenn sie es eines Tages einholen wird.

Zu spät fürs Spielzeugpferd

Wer Ende fünfzig nach einer zweiten Eheschließung aus
der bisherigen Lebenssituation, aus der Stadt der bisherigen
Ehe wegziehen möchte, muss darauf achten, dass er in dieser Umbruchzeit nicht unversehens in noch ältere Bindungen zurückfällt, was uns bei jeder Stress-Situation geschehen kann. Ein Mann in dieser Situation träumt:
    »Ich sitze auf einem Spielzeugpferd und reite, vielmehr
fahre auf ihm, das wie automatisch aufgezogen ist, durch

U., meine Vaterstadt. Die Leute wundern sich, dass ein erwachsener Mann sich auf diese Weise vorwärts bewegt,
aber es macht ihnen wie mir auch Spaß. Auf einmal merke
ich, dass ich auf den zentralen Friedhof gerate. Ich springe
von dem Spielzeugpferd ab und habe das Gefühl, noch
eben einer großen Gefahr entronnen zu sein.«

Der Träumer findet sich im Traum zurückversetzt in
seine Kindheit, verbunden mit einem damaligen Lieblings-
spielzeug, das allerdings noch ein schlichtes Steckenpferd
war. Es macht ihm Freude, wenn sich auch die Leute, seine
Erwachsenenanteile, verwundern, wie er, ein Mann Ende
fünfzig, auf einem Spielzeugpferd durch die Stadt reiten
kann. Eine Unstimmigkeit wird unübersehbar, auch wenn
deutlich wird, woher sie kommt: aus Heimweh nach seiner
Vaterstadt, nach seiner Kindheit und ihrem Übergangsob-
jekt, dem Spielzeugpferd, das ihm in der Wirklichkeit all-
zufrüh entrissen wurde durch den Bombenkrieg, der das
Elternhaus zerstörte, und in einer Zeit, in der er auch den
Vater verlor. Allzu früh musste er Verantwortung übernehmen, auch für die Mutter als deren Einziger, allzu früh
wurde er aus der Kindheitsgeborgenheit gejagt. Wie alle zu
früh aus der Kindheit Vertriebenen behielt er ein starkes
Heimweh nach dem Kindheitsparadies und ein Trauma im
Blick auf Verluste und Abschiede, tut sich besonders
schwer damit. Indem er sich nostalgisch angezogen und
auch regredierend auf sein Kindheitspferd setzt, gerät er
unvermutet in den Bereich des Friedhofs, zu Vater und
Mutter als längst Verstorbenen – und spürt nun plötzlich
eine große Gefahr, dass er nämlich in deren Bannkreis gelangt, möglicherweise in eine tiefe Regression, und er
springt nun endlich von dem Spielzeugpferd ab. Er vermag
es gerade noch, der Gefahr zu entgehen, die ihm gedroht
hätte, wenn er eben jetzt, beim Einzug in seine neue Ehe,
beim Umzug um seiner neuen Familie willen unbewusst in

die Kindheitssituation mit ihren Vater- und Mutterkomplexen geraten wäre. Die Ehebeziehung wäre unter deren Bann geraten, in den Bann von etwas Vergangenem, Toten, wie der Traum deutlich sagt. Soll er mit seiner neuen Frau und Familie nun ausgerechnet nach U. ziehen? Besser nicht, sagt der Traum, es sei denn, er vermöge das jetzige U. von dem damaligen streng zu unterscheiden und sich angesichts der neuen Übergangssituation erneut von seinen Elternkomplexen abzulösen.

Das Kreuz zum Fliegen bringen

Die Übergänge zum vierzigsten und zum fünzigsten Jahr sind Phasen, in denen sich im Blick auf die eigene Identität große Veränderungen anbahnen. Hatten wir eben noch das Erlebnis, in den »besten Jahren« zu sein, so drängt sich doch zugleich die Ahnung auf, dass nun womöglich keine besseren mehr nachfolgen werden. Aus der Erfahrung der Lebensfülle heraus, die in dieser Zeit gewonnen werden kann, kündigt sich zugleich die Lebenswende an.

Eine Frau Anfang fünfzig träumt, sie stehe vor einem langen, schweren Kreuz, das zu einem Flughafen gebracht werden soll.

Dieser Traum macht sie sehr betroffen. Herrschte bis jetzt für sie noch das Lebensgefühl des Auf-der-Höhe-Seins, so beginnt nun doch das Wissen von dem »Kreuz« des Lebens, von seiner Last – konkret in ihrem alternden Mann und der gebrechlicher werdenden Mutter –, und klingt zunächst wie eine Hintergrundmusik ihres nach wie vor sehr reich erfüllten Lebens auf. Noch ist sie entschlossen, auch dieses Kreuz zum Flughafen zu bringen. Das heißt doch, dass sie damit rechnet, es auch in ein Flugzeug und damit in die Höhe bringen zu können und der

Schwerkraft, mit der es sie niederzieht, noch einmal zu entgehen. Aber das Schleppen des Kreuzes wird mühsamer, kostet viel Kraft, selbst der Flughafen ist nicht mehr so leicht zu erreichen. Wird man das schwere Kreuz in der Luft befördern wollen? Noch rechnet sie offenbar damit, sich über die Situation erheben zu können, wie dies die Flugträume ausdrücken, doch kündigt sich ein Lebensübergang an, in dem dies nicht mehr durchgehend gelingen kann.

Auf der anderen Seite verspürt man in den mittleren Jahren von Fall zu Fall immer wieder ein Gefühl besonderer Lebensfülle. Es besteht auch darin, dass man vieles ins Leben gerufen hat, was einen jetzt benötigt und braucht, was einem damit auch Lebensberechtigung gibt, wie es die eigenen Kinder, die Schüler, die Patienten, die Beziehungspartner, aber auch die Berufsverpflichtungen, die Projekte und selbst die Ideen tun, die man in die Welt gesetzt hat. Im allgemeinen leisten wir in keinem Alter so viel für unsere Kontaktpersonen, für die Familie, für das berufliche Umfeld, die Gesellschaft als ganze wie jetzt. Das Neue ist, dass solcher Einsatz in dieser Lebensphase als ganz normal gilt, erwartet und nicht mehr speziell vermerkt wird. Was wir tun, muss deshalb in sich selbst befriedigend und stimmig sein, sonst könnte uns das Ausbleiben narzisstischer Gratifikationen, die wir als junge Menschen für die gleiche Leistung noch bekommen haben, empfindlich betreffen. Unter solchen Belastungen kann der Ichkomplex mancher Menschen, von Entwertung bedroht, seine Kohärenz verlieren: Der betreffende Mensch bekommt dann heftige Angst und das beklemmende Gefühl, sich zu verlieren, auseinanderzufallen.

Unseren Selbstwert können wir in dieser Phase nicht mehr dadurch aufbessern, dass wir uns wie früher vornehmen, alles, was wir noch nicht gelebt, erbracht, geleistet haben, doch irgendwann noch ins Leben einzubringen. Entweder sind die Wunschträume früherer Jahre nun erfüllt, wenigstens teilweise, oder es wird schwierig sein, sie noch zu verwirklichen. Sind sie erfüllt, so entsprachen sie unseren Möglichkeiten; sind sie gänzlich unerfüllt, so lässt sich der Gedanke nun kaum mehr abweisen, dass sie Größenideen waren. Wir spüren plötzlich, dass nicht mehr grenzenlos viel Lebenszeit vorhanden ist. Gewiss lässt sich einiges gerade jetzt noch einlösen: Nachdem die erwachsenen Kinder aus dem Hause sind, kehren viele Frauen in diesem Alter in ihren früheren Beruf zurück oder beginnen noch einmal mit einer Ausbildung für einen neuen Beruf, der ihnen besser entspricht. Männer schulen unter dem Druck der kritischen Beschäftigungslage um oder gehen unfreiwillig in Frühpension. Doch wir spüren bei allen neu gewählten Aufgaben oder gar Ausbildungen: Es wird nun auch hohe Zeit dafür, für manches höchste Zeit.

Manche deutsche Ausbildungsinstitute für den Beruf des Psychotherapeuten, einem Beruf, zu dem große Lebenserfahrung gehört, weigern sich, Kandidatinnen und Kandidaten jenseits der Vierzig noch in die Ausbildung aufzunehmen, weil die Ausbildung durchschnittlich fünf Jahre dauert, was der Zeit für die mögliche Ausübung des Berufes dann nicht mehr ganz zu entsprechen scheint. Andererseits ist die Zeit des mittleren Erwachsenenalters eine gute Phase für die Zuwendung zu einem therapeutischen Beruf. Eine 43-jährige Frau, die sich soeben zu einer Ausbildung solcher Art entschlossen hat, träumt, sie sei schwanger, wenn auch fast etwas zu alt dazu.

Auf der anderen Seite pflegen sich nun im Beruf und in Beziehungen, wenn sie diese Phase überdauern, immer mehr Situationen zu wiederholen. Damit wächst zwar die Erfahrung, aber es stellt sich auch ein leiser Überdruss ein, so wie es der Sisyphos-Mythos bildhaft darstellt, der in diesem Sinne als ein Mythos der Vierzigjährigen und der noch Älteren zu betrachten ist (Verena Kast).[6] Mit vierzig Jahren beginnt diese Phase ja eben erst, sie mündet jenseits der Fünfzig in eine zweite Strecke ein, die stark von Desillusionierung geprägt ist. Romano Guardini bezeichnet den Menschen dieser Altersstufe als den »ernüchterten Menschen«[7].

Andererseits übt der Mythos von »Inannas Unterweltsfahrt«[8] auf Frauen dieser Altersstufe eine große Faszination aus, der Mythos von der strahlenden Göttin der Oberwelt, Inanna, die in der Fülle des Lebens, der Macht und der Liebe steht und plötzlich den Ruf der Unterwelt, dem Reich des Leidens und des Todes hört, verkörpert in ihrer Schwester Ereshkigal. Sie spürt, dass die Wirklichkeit nicht ganz ist ohne diese dunklen Erfahrungen, und steigt Schritt für Schritt, von Tor zu Tor hinab, um ihrer Schwester zu begegnen und Leid und Tod am eigenen Leib zu erfahren. Nur durch diese Erfahrungen hindurch, nicht an ihnen vorbei will und wird sie wieder auferweckt werden und ein neues Leben gewinnen. Viele Frauen, auch Männer, hören in der Mitte des Lebens diesen Ruf der Unterwelt, können und wollen sich ihm nicht länger entziehen.

Luftholen müssen – ein neuer Stil?

Auch das Erlebnis des Langsamer-Werdens gehört zum Älter-Werden, vor allem was die bisher möglichen Spitzenleistungen angeht. Ein Sänger, derzeit in den mittleren Jahren, träumt, dass er, um rechtzeitig zu einem Auftritt zu kommen, allzu rasch die Treppe hinauf hastet. Nun geht ihm bei den ersten Takten seines Liedes buchstäblich die Luft aus. Im Traum hört er das Publikum murmeln und fragen, ob es sich bei ihm wohl um einen neuen Stil handle.[9]

Soll er dies als Ironie oder als ernsthafte Frage hören? Beim Erwachen merkt er, dass er den alten Lebensstil, von Termin zu Termin zu hetzen, nicht mehr einhalten kann, es würde ihm als Person und würde auch seiner Kunst von nun an ernstlich schaden.

Den Duft des Jetzt genießen

Die Grenzerfahrung des Älter-Werdens kann nun aber auch dazu führen, paradoxerweise fast, dass wir endlich genießen lernen, und zwar das, was ist und was wir nun nicht mehr einem möglichen anderen vorziehen, auf das wir vielleicht schon endlos gewartet haben. In ähnlicher Weise lernen wir zu akzeptieren, gewöhnliche Menschen zu sein. Diese Phase kann dazu führen, dass wir schließlich auch mit dem einverstanden sind, was wir bis dahin geworden sind, einschließlich des leise alternden Körpers, ohne damit das einzuschränken, was wir noch werden können. Wollten wir es verleugnen, dann erwartete uns Resignation, vielleicht sogar Verbitterung. Akzeptieren wir es, wenn auch gewiss unter Wehmut und Trauer, so kann uns die Lebendigkeit erhalten bleiben, auch in den neuen Grenzen, die uns diese Altersphase setzt.

Eine 42-Jährige, die im Traum hektisch unterwegs war, hält plötzlich inne, weil ihr ein wunderbarer Lindenduft entgegenweht, der plötzlich alles erfüllt.[10] Beim Gespräch über den Traum fällt ihr die Gedichtzeile von Ina Seidel ein: »Unsterblich duften die Linden...«[11] Ein neuer Bezug zum Jetzt, zum erfüllten Augenblick kann sich in dieser Phase einstellen.

Die Schriftstellerin Ingeborg Bachmann, die unter dieser Phase sehr gelitten hat – sie, die mit dreißig Jahren auf dem Höhepunkt ihres Ruhmes als Lyrikerin war, wusste doch

genau, um was es hier geht, und in bestimmten Momenten
stand sie ganz in den Möglichkeiten dieser Phase. In einem
ihrer späteren Gedichte »Böhmen liegt am Meer« heißt es
bezeichnenderweise:

> *Bin ich's, so ist's ein jeder, der ist so viel wie ich.*
> *Ich will nichts mehr für mich, ich will zugrunde gehen.*
> *Zugrund, das heißt zum Meer, dort find' ich Böhmen*
> *wieder.*
> *Zugrund gerichtet, wach ich ruhig auf.*
> *Von Grund auf weiß ich jetzt, und ich bin unverloren.*[12]

Ein subtiles Sprachspiel ist dies, mit dem Wortbild und
Wortfeld Grund, mit der Vorstellung, etwas, sich selbst auf
den Grund gehen zu müssen – um dann wie durch ein Zu-
grundegehen hindurch sich verwandeln zu lassen zu einer
neuen Ruhe, einer neuen Erkenntnis – in dem Wissen, unverloren zu sein.

David und Bathseba: eine Paarphantasie

Die Archetypen Animus und Anima, in dieser Phase besser
integrierbar als zuvor, werden immer deutlicher als inneres
Paar erlebt und damit als Ausdruck des eigenen Selbst und
der Gegensätze, die es in sich zu verbinden gilt. Damit ist
in dieser Phase, das kann nicht genug betont werden, eine
große Liebesfähigkeit entbunden, die von den real gelebten
Beziehungen bis hin zu den inneren Beziehungen zwischen
weiblichen und männlichen Kräften in uns selber reicht. In
dieser Phase erleben viele Menschen zum ersten Mal Erfüllung in ihrer Beziehung und auch in der Sexualität, so para-
dox das klingen mag, aber es wird möglich, weil wir vielleicht erst jetzt ganz bei uns selber sein können, zugleich
bezogen auf ein größeres Ganzes um uns und in uns. Zur

vollen Hingabefähigkeit an einen anderen bedarf es tiefer Verwurzelung in sich selbst.

Die Liebeserfahrung dieser Phase tendiert, wenn sie sich selbst recht versteht, nicht mehr so sehr zu Selbstbestätigung und zur Festigung der eigenen Identität durch den Partner, wie es in früheren Phasen vielleicht noch der Fall ist, sondern sie zielt auf eine liebevoll-tragende Verbundenheit hin, die Energien für einen größeren Lebensumkreis freisetzt und einbringt. Eine 58-jährige Frau, schon auf der Schwelle zum späten Erwachsenenalter, berichtet von einem Traum:

»Jemand öffnete ein Buch. Ich denke, es könnte die Bibel sein. Es ist ein Paar da, ein Paar, das ganz innig ineinander versunken ist, ohne sich zu halten. Das Bild zieht mich sehr an. Ich schaue es lange an. Da werden die beiden lebendig. Der Mann gleicht König David, die Frau ist ein wenig Bathseba. Aber eigentlich hat sie die Körperformen von mir, seltsam, ich bin doch keine Bathseba. Ich bin ergriffen von dem Traum und ich erwache vor Liebe.«[13]

Diese Frau, engagiert als Pädagogin tätig, hatte vor dem Traum das wehmütige Gefühl, durchaus viel Liebe in ihrem Leben gegeben und auch bekommen zu haben, aber eben nicht die große Liebe, für die sie alles hingeworfen hätte, um mit eben diesem Menschen zusammensein zu können. Angesichts des eben beschriebenen Traumes aber hatte sie plötzlich das Gefühl, sie »quelle von Liebe über«. Sie schreibt: »Irgendwie habe ich das Gefühl, dass jetzt, für einen Moment, einmal alles ›ganz‹ ist. Ich bin einverstanden mit mir und dem Leben, mit allem Schweren und allem Schwierigen. Ich habe mich auch sofort ganz schöpferisch gefühlt. Ich fing an, über David zu phantasieren, mir zu überlegen, wenn ich einen Mann fände wie David ... Dann habe ich mir gedacht, dass das vielleicht in der Phantasie doch schöner sei als in der Realität. David muss doch wohl recht schwierig gewesen sein. Doch fing ich dann an, David zu zeichnen.«[14]

So phantasierte die Frau ihren David aus und malte ihn auch wirklich (auch dies – wie schon erwähnt – ein wichtiger Umgang mit Traumfiguren, der diese sehr konkret macht), um sich dann zögernder auch der inneren Gestalt der Bathseba anzunähern, einer Anima-Figur, die auch Schattenelemente, nicht gelebte Seiten der Träumerin selbst enthält. Sie hatte sich eigentlich immer verboten, so verführerisch zu sein wie eine Bathseba. Gerade darum ging es aber wohl in dem Traum, dass sie riskierte, verführerisch zu sein, und auch einmal – selbst unter der Gefahr, dabei an anderen schuldig zu werden wie Bathseba – ihre Liebe wagte. Die Pointe liegt hier gewiss nicht in dem bei dem biblischen Paar damit verbundenen Ehebruch, wohl aber in der Aufforderung zu dem Mut, auch einmal Tabus zu brechen um ihrer Liebe willen. Doch die Selbstannahme ihres bisherigen Lebens und ihres Geschicks, wie es einer 58-jährigen wohl ansteht, gehört auch zu diesem Traum. Sie sagt: »Liebe kann offenbar auf verschiedene Weise gelebt werden, und wenn die große Liebe zu einem Menschen nicht sein darf in meinem Leben, dann will ich es auch akzeptieren.«[15] Dennoch erlebte sie sich von da an für ihre großen Gefühle, ihre Lebensleidenschaft in ganz neuer Weise wach und bereit. Der Traum hatte sie emotional wachgerüttelt.

Generativität

Die wachsende Fähigkeit zur Verantwortung für die Nachkommenden, für die Jugend, erwächst gleichfalls aus der neuen Liebesfähigkeit dieser Lebensphase, einer Sorge, die aus einem inneren Bedürfnis heraus weiterzugeben vermag.

Es gehört zur Selbstverwirklichung in diesem Alter, sich an die kommende Generation zu vermitteln. Darin realisieren wir uns selbst und beginnen zu verstehen, dass wir dafür nicht extra Dank erwarten müssen. In der Entwicklungspsychologie wird diese Fähigkeit als »Generativität« (Erikson)[16] bezeichnet. Damit ist neben Fortpflanzungsfähigkeit auch Produktivität, Kreativität, also die Hervorbringung neuen Lebens gemeint, die bei der Sorge für die eigenen Kinder beginnt und sich in der Verantwortung für die anvertrauten Kinder und die kommende Generation überhaupt fortsetzt. Letztlich schließt sie eine Art von »Selbstzeugung« ein, die sich mit der Weiterentwicklung der eigenen Identität befaßt. Erik Erikson[16] setzt dieser Generativität die Stagnation oder auch die Selbstabsorbation entgegen, als die beiden Pole, zwischen denen die Möglichkeiten und Chancen dieses Alters schwingen. Sie bestehen darin, aus der Spannung zwischen diesen Polen schließlich die Fähigkeit zur Fürsorge, zur Caritas als übergreifender Nächstenliebe hervorzubringen.

Können wir in dieser Phase akzeptieren, dass die Zukunft auf jeden Fall der kommenden Generation gehören wird, dann werden wir uns den Nachwachsenden, den eigenen Kindern, Schülern und Studenten mit einer Einstellung zuwenden, die über den bloßen Neid auf die Jüngeren hinausführt, werden uns an ihnen freuen als an den Menschen, die das größere Ganze der Gesellschaft künftig mittragen können, mit denen die Verantwortung geteilt und denen sie bald ganz überlassen werden kann. Wir können der kommenden Generation geben, was wir zu geben haben, und brauchen nicht in der Rivalität mit den Jüngeren steckenzubleiben. In diesem Fall nämlich gerieten wir unweigerlich in die Stagnation, die sich nicht mehr zu wandeln vermag, in die Situation eines Menschen, den andere und anderes nicht mehr interessieren, weil er völlig von sich selber absorbiert ist. Aus Generativität hingegen wachsen Weltoffenheit und innere Freiheit.

Zu echter Generativität gehört nach Erikson freilich auch ein gewisses Maß an Autorität, der Mut dazu, der keineswegs ins Autoritäre abgleiten muss, sondern der Sehnsucht der heranwachsenden Generation nach Vorbildern und Leitbildern im Pädagogischen, Therapeutischen, Künstlerischen und Schöpferisch-Organisatorischen gerecht wird und entspricht – eine Aufgabe, mit der sich die Vertreter der ehemaligen »antiautoritären« Generation nicht leicht tun, die aber gleichwohl ansteht. Hierher gehören alle die Träume, in denen uns selber etwa eine Autoritätsrolle angetragen, aufgetragen wird – und der wir uns oft zunächst zu entziehen suchen.

Den Geist unter die jungen Leute bringen

Eine Universitätsdozentin träumt in dieser Lebensphase, ihre Vorlesungsblätter würden vom Winde verweht und aus dem Fenster hinaus in die Stadt getragen. Ein Kollege sagt geistesgegenwärtig: »So kommt der Geist wenigstens unter die Leute« – und beide müssen lachen.[17]

Sie nimmt den Vorgang mit Humor: Schließlich soll der Geist unter die Leute kommen, ob nun alle immer die Urheberin eines guten Gedankens kennen und zitieren oder auch nicht. Solche Großmut ist wohl erst in dieser Lebensphase möglich. Der Wind eines größeren geistigen Lebens nimmt dieser Frau das geistige Eigentum aus der Hand und verweist sie zugleich darauf, dass sie in dieser Lebensphase auch längst imstande ist, frei, auswendig, »by heart«, wie die Engländer sagen, zu sprechen, da sie aus durchdachten, durchlebten, geistigen und existentiellen Erfahrungen heraus zu reden vermag.

Die neue »Tugend«, die Stärke, die aus der Antithese von
Generativität und Stagnation hervorgeht, wäre nach Erikson die »Fähigkeit der Fürsorge, als eine sich erweiternde
Verpflichtung, sich um Personen, Produkte und Ideen zu
kümmern«[18]. Alle jene Stärken, die in aufsteigender Ordnung von der Kindheit ins junge Erwachsenenalter, aus
früheren Entwicklungen entstehen – also Hoffnung und
Wille, Entschlusskraft und Kompetenz, Treue und Liebe –,
erweisen sich bei genauerem Hinsehen als »unumgänglich
für die dieser Generation nun gestellte Aufgabe, die Stärke
der nächsten Generation zu kultivieren«.[19]

Verantwortung für die alten Eltern

Die Fürsorge für die alten Eltern, die meist auch in diesem
Lebensabschnitt beginnt, weckt zudem ein Gefühl für die
eigene fortgeschrittene Lebensphase und ist archetypisch
unterlegt mit dem Bild der alten Weisen, des alten Weisen,
die nun auch in den Träumen erscheinen und auf die wir
uns in dieser Phase stärker zu beziehen beginnen – mit
einem neuen Sinn für Lebenszusammenhänge. Zugleich
aber ist unser Lebensgefühl bedroht von den Angstbildern
der Vergreisung. Dies hat alles auch zur Folge, dass wir
fortan verantwortlicher mit dem eigenen Leben umzuge-
hen beginnen, dass wir uns unserem größeren Selbst zuwenden, das nach Jung unseren kleineren Ichkomplex umfaßt und steuert, und damit die Verbindung zu einem
größeren Ganzen suchen, das uns von innen und außen
umfängt und trägt. Bei der Verantwortung für die Alten,
die wir in diesem Lebensabschnitt aufzunehmen haben, ist
es dennoch wichtig, nicht zu vergessen, dass die Alten auch
ihren eigenen Lebensrhythmus und ihre eigenen Ziele
haben.

Von der greisen Mutter gesteuert

Das wurde einer überfürsorglichen Tochter erst bewusst, als sie sich im Traum im hinteren Fond ihres von der 85-jährigen Mutter gesteuerten Wagens vorfand. Noch dazu begann die Mutter die schmale Brücke zu einer kleinen Fähre zu befahren, die einen breiten Fluss überqueren sollte. Der Fluss hatte eine erhebliche Breite und erinnerte sie an die Weser bei Hameln. Die Mutter steuert den Wagen mit größter Vorsicht und Präzision auf die Fähre.

In dem Traum weiß die Mutter genau, dass für sie der große Übergang über den Lebensfluss ansteht, der ihr zunächst als Styx erscheint, als der Grenzfluss zwischen dem Land der Lebenden und dem Land der Toten, den sie – aber zu dem Zeitpunkt doch noch nicht die Tochter! – überqueren muss.

Erst bei diesem Traum, den sie ja als Tochter träumt, merkt diese mit einigem Erschrecken, dass sie im Begriff ist, ihr eigenes Schicksal gänzlich von dem der Mutter steuern zu lassen, der sie die Fähigkeit, selbst zu steuern, zugleich gar nicht mehr zugetraut hatte, weil sie sie in Wirklichkeit seit vielen Jahren nur noch in ihrem eigenen Wagen kutschiert hatte. Statt dessen kommt die Tochter, wie der Traum sagt, nun selber in Gefahr, von der Mutter mit auf die Fähre ins Totenreich gesteuert zu werden. Ihr eigenes Leben kommt dabei in Gefahr, sich in dem der Mutter zu verlieren. Der Traum erweist sich als eine ernsthafte Warnung und fordert die Träumerin auch heraus, ihr eigenes Leben nun endgültig wieder in die Hand zu nehmen. Der Traum gab ihr gegenüber der Mutter auch ein gutes Gewissen, weil diese sich durchaus in der Lage zeigt, ihr eigenes Geschick zu steuern, indem sie mit großer Sorgfalt ihren Transit über den Styx vorbereitet und gleichsam »ansteuert«. Der Tochter wäre es angemessen, hier auszusteigen

und den Abschied von der Mutter vorzubereiten, denn es
entstünde sonst gar noch die Gefahr, dass sie die Mutter am
Übergang behinderte, denn mit ihr zusammen dürfte die
Mutter zu diesem Zeitpunkt gewiss nicht überfahren. Der
Traum macht der Tochter auch deutlich, dass sie sich in
einer allzu überfürsorglichen Bindung an die Mutter befindet, einem Gegenbild zu jenem viel häufigeren Verhalten
alten Eltern gegenüber, sich von ihnen abzukoppeln und
die Sorge für sie bezahlten Pflegekräften zu überlassen,
wenn sie sich dem Schreckbild der Vergreisung annähern.

Mir scheint es immer als eine gute Regel, die Extreme
vermeidet, sich so zu verhalten, dass wir die beiden Eltern,
den Elternteil, der unsere Pflege braucht, liebbehalten können. Dies nämlich brauchen pflegebedürftige Eltern am
dringendsten, und darin sind wir ihnen als Töchter und
Söhne unersetzbar. Eher sollten wir dann, wenn die körperliche Pflege der Eltern für uns zu schwierig wird, Pfle-
gekräfte einsetzen als uns emotional so sehr zu überlasten,
dass keine seelische Nähe zu ihnen mehr möglich ist und
stattdessen nur noch Ungeduld oder gar Ablehnung.

Viele erreichen jenseits der Vierzig oder gar der Fünfzig
Führungspositionen und damit volle Verantwortlichkeit
und dies aufgrund ihrer nun ausgereiften Berufserfahrun-
gen mit allem Recht. Nach dem fünfundfünfzigsten Jahr
stellt sich für manche aber doch die Frage, ob es noch adäquat ist, gänzlich in der Außenwelt aufzugehen. Für die
meisten stellt sich auch allmählich die Frage nach dem Ende
der Berufszeit, die heute, da manche mit der vorgezogenen
Pensionierung spielen oder auch von ihrem Betrieb dazu
gedrängt werden, ihre Schatten schon in die fünfziger Jahre
vorauswirft. Sehr schön ist die Zuwendung zu einem tieferen Aspekt des Selbst in einer Imagination zu erkennen, die
sich für einen Mann, schon auf der Schwelle zum späteren
Erwachsenenalter, ereignete:

Ein Tauchgang in die eigene Tiefe

Wie seinerzeit in der biblischen Erzählung der Prophet Jona geriet er, unter Wasser schwimmend und dem Sog des Wassers folgend, unvermittelt in das Innere eines Wals. Es machte ihm keine Angst, er erlebte es vielmehr als stimmig und einem eigenen Impuls entsprechend. Im Inneren des Wals zog es ihn durch mehrere Kammern, bis er schließlich in einen Raum geriet, der – sanft beleuchtet – eine geradezu meditative Stille ausstrahlte. Es war ein heiliger Raum, der zentrale Innenraum des Wals. Noch weiter ging es nicht und sollte es offenbar nicht gehen. Eine Sperre wie von gekreuzten Rippen oder Zähnen tat sich nach hinten auf. Der imaginierende Mann verharrte lange in dem Raum, begriff dann schließlich, dass er, wenn überhaupt, nur auf dem Weg, den er gekommen war, durch den Rachen des Wals (wie Jona auch, der allerdings ausgespien wurde) wieder an die Oberwelt gelangen könnte. Er entschloss sich dazu, schwamm kraftvoll gegen den Wassersog, gegen die Strömung an und gelangte schließlich wieder heil nach oben – nicht ohne einen kleinen Schatz, einen Talisman aus dem innersten Raum des Wals fest in der Hand behalten zu haben. Er wusste selbst nicht mehr zu sagen: War es eine Perle oder ein Klümpchen Gold, oder war es vor allem die Taschenlampe, die er nicht aus der Hand gelassen hatte? Oder war es ihm in dieser Situation einfach »Goldes wert«, eine Taschenlampe in der Hand zu behalten?

Der Imaginierende erlebt seit einiger Zeit eine gewisse Faszination durch das Walfischmotiv – genauer: Jona im Fisch –, was bereits anzeigt, dass es ihn irgendwie in eine größere Tiefe zieht und er Sehnsucht danach hat, das Innere dieses ungeheuren Tieres – ein Symbol des mütterlich umfangenden, bergenden Unbewussten – kennenzulernen. Es geht ihm um einen Gewinn tieferen Wissens, vielleicht

auch um eine völlige Wandlung durch einen Transit durch
bisher unbewusste Tiefen. Er imaginiert oft und vermag
auch die Impulse und Symbole der Imagination zu Bildern
zu gestalten. Imaginieren und Malen haben mit dem Träumen bekanntlich vieles gemeinsam: sie speisen sich aus dem
gleichen Reservoir der Seele an Bildern und beruhen gleichfalls auf der transzendenten, der symbolschaffenden Funktion der Psyche, welche die sonst unvereinbaren Gegensätze des Erlebens, Vorstellens und Verhaltens in ein vereini-
gendes Neues, ein Symbol zu fassen vermag, das tröstet,
Frieden und Hoffnung gibt. Die sich an Träume an-
schließende Imagination lässt diese noch stärker gefühlsmäßig ausphantasieren, und man kann ungelöste Traumsi-
tuationen weiterspinnen. Und Malen vermag das gleiche,
verbindet aber die Bilder des Traumes zugleich mit aktiver
Gestaltungskraft, konkretisiert und inkarniert sie dadurch,
geht aktiv mit ihnen um und bringt sie dem Bewusstsein
nahe.

Der Bauch des Wales kann, wie ich weiter oben schon
andeutete, zum »heiligen Ort der Wandlung« werden. In
der Auslegungstradition ist diese Stelle schon früh auf
Christi Tod, Begräbnis und Auferstehung gedeutet worden – es handelt sich um ein Sterbe- und Auferstehungs-
motiv und damit um eines der stärksten Symbole des
Lebensübergangs. Als archetypisches Motiv enthält der
Jona-Mythos die Züge des Verschlungenwerdens durch ein
Ungeheuer, den dreitägigen Aufenthalt in dessen Bauch
und das Wiederausgespien-Werden. Die Imagination lehnt
sich eng daran an, enthält aber auch eigene Züge. Vor allem
die Aktivität des Helden fällt hier auf. Sie gehört zur Lebensphase dieses Mannes, in der jener Tauchgang in den
Walbauch nicht mehr für das regressive Verlangen zurück
in den bergenden Mutterschoß steht, sondern für das pro-
gressive Verlangen, von neuem daraus geboren zu werden.

Das Ergriffensein vom Jona-Mythos kann für einen Mann etwas Ähnliches bedeuten wie für eine Frau das Ergriffensein vom Inanna-Mythos. In beiden bricht eine Bereitschaft auf, die »Tiefe des Lebens« samt seinem Todesaspekt zu erfahren.

Der Wal, einmal Bauch der Hölle, in dem das Leben zugrunde geht, ein anderes Mal Mutterschoß, aus dem neues Leben hervorgeht, wird von dem imaginierenden Mann als neugebärender Schoß erlebt. In den mythologischen Vorstellungen mancher Völker wird der Wal als Träger des Weltalls dargestellt. Demnach sucht also der Imaginierende in das innerste Geheimnis des Weltalls zu gelangen, als er sich mit dem Wassersog in den Schlund des Wals hineinziehen lässt. Es geschieht ihm im Unterschied zu Jona nicht unfreiwillig, sondern freiwillig, er schwimmt aktiv mit, auf der Suche nach dem Geheimnis dieses Wals. Deshalb überwiegt bei diesem existentiellen Abenteuer auch die Faszination die mögliche Angst. Der Schwimmer durchgleitet mehrere Räume im Inneren des Wals, bis er zu seinem Erstaunen in einen Raum gerät, in dem eine fast feierliche Stille herrscht. Er ist milde beleuchtet, alles lädt zur Meditation ein, in die auch der imaginierende Mann – in Meditation geübt – schließlich wie versinkt. »Da ging dir im Dunkeln ein Licht auf«, lässt Uwe Steffen, der ebenfalls vom Jona-Motiv fasziniert ist, seinen Jona sagen.[20] Es ist symbolisch wohl der gleiche Raum, in dem der Prophet Jona, nach dem biblischen Bericht durch Psalmensingen, zur Einkehr und zur Umwandlung seiner bisherigen Gesinnung und seines Lebens kam. Nach einigem Verweilen in diesem Raum prüft der Imaginierende, ob es von diesem Raum aus wohl eine Möglichkeit gäbe, noch in einen weiteren Raum zu gelangen. Doch da ist kein Weiterkommen mehr: Ein Verhau aus gekreuzten Rippen oder auch Zähnen schneidet ihm den Durchgang ab. Das Diagonalkreuz deutet das Verbot des Durchgangs an. Meine Phantasie angesichts dieser Sperrzone ist, dass es lebensgefährlich wäre, ja den Tod bedeuten könnte, in diese Richtung weiter vorzudringen. Realistisch phantasiert, müsste es ja wohl bedeuten, dass der Wal ihn verdauen, das heißt ihn auflösen würde. Jung spricht in seinem Kommentar zur Nachtmeerfahrt von »jenem gefährlichen Augenblick, in dem die Entscheidung fällt zwischen Vernichtung und neuem Leben. Bleibt die Libido im Wunderreich der inneren Welt hängen, so ist der Mensch für die Oberwelt zu einem Schatten geworden, er ist so gut wie tot oder schwer krank. Gelingt es aber der Libido, sich wieder loszureißen und zur Oberwelt emporzudringen, dann zeigt sich ein Wunder: die Unterweltfahrt war ein Jungbrunnen für sie gewesen, und aus dem scheinbaren Tod erwacht neue Fruchtbarkeit.«[21]

Der mutige Mann muss den Rückweg also in der gleichen Richtung antreten, in der er in den Wal hineingekommen ist. Dieser Wal speit ihn nicht von sich aus an Land. Mächtig anschwimmend gegen die Strömung vermag er sich vielmehr selbständig wieder an die Meeresoberfläche und schließlich ans Ufer zu bewegen. Was er jedoch bei alledem fest in der Hand hält und auf keinen Fall verlieren möchte – und auch wirklich nicht verliert – ist wahrscheinlich eine Perle oder ein Klümpchen Gold, edelstes Metall, eine Kostbarkeit, gewonnen aus diesem Tauchgang in die Tiefe, ein Stück seines eigenen innersten Wesens. Dazu gehört die Taschenlampe, ein Bild für sein Bewusstseinslicht, das er auch in der Begegnung mit dem mächtigen Archetyp des Wals nicht verloren hat, sie gleicht der »Bergwerkslaterne«, von der Jung einmal spricht, indem er nahelegt, sie hoch zu schätzen, sie nie zu verlieren, wenn man sich in das Bergwerk der seelischen Tiefen wagt.

Dieser Mann, der, obgleich noch voller Verantwortung in einem anstrengenden Beruf stehend, den Lebensüber-

gang zum Wesentlichen sucht, hat ihn gefunden in seinem
Tauchgang in den Innenraum des Meerungeheuers, den
mütterlichen Raum des Unbewussten. Das erscheint mir
der entscheidende Unterschied zu dem möglichen Umgang
eines Adoleszenten mit dem Jona-Motiv zu sein, der sich
aus dem Mutterkomplex erst einmal herauskämpfen muss
und dabei noch stark in die Regression gezogen wird. Dieser Imaginierende jedoch durchschreitet den Mythos aktiv,
progressiv im Sinne dessen, was in der zweiten Lebenshälfte ansteht.

Zu dieser Imagination passt sehr gut ein Vergleich, den
Rabbi Eliezer in seiner Auslegung des Jona-Motivs findet:
»Er, Jona, ging in seinen, des Fisches Rachen hinein, wie
wenn ein Mensch in eine Synagoge eintritt und darin steht
...«, und weiter: »Es war eine Perle in den Eingeweiden des
Fisches ausgehängt, die dem Jona Licht gab wie die Sonne
am Mittag und es ihm ermöglichte, alles im Meer und im
Abyssos zu sehen.«[22] Auch Paracelsus ist der Überzeugung, dass Jona im Bauche des Ungeheuers »gewaltige Mysterien«[23] geschaut habe. So dringt auch ein lappländischer
Schamane im Trancezustand in das Innere eines Wals oder
eines großen Fisches ein und bleibt im Geiste drei Jahre in
seinem Bauch, »um die Geheimnisse der Natur kennenzulernen, um die Rätsel des Lebens zu lösen und die Zukunft
zu erforschen«.[24] Nach Eliade ist der Grundzug aller Einweihungsabenteuer: »Man steigt in den Bauch eines Ungeheuers hinab, um Wissen, um Weisheit zu lernen.«[25] Unübersehbar ist auch, dass sich in dem Jona-Motiv die Stadien des Geburtserlebnisses spiegeln, so wie sie Stanislav
Grof herausgearbeitet hat.[26]

Beziehung zu sich selbst

Steht die Beziehung zu sich selbst in Verbindung mit einem
größeren Ganzen, einer weiten, sich ständig erweiternden
Innenwelt, die die großen Menschheitstraditionen mit umfasst, und einer sich vertiefenden Reflexion der Außenwelt,
die Geschichte und Zukunftsperspektiven einschließt, so
wird sie auch über diese Zeit hinaus schöpferisch und ge-
nerativ bleiben. Ist sie hingegen egozentrisch, so wird sie
sich künftig vom größeren Ganzen immer mehr isolieren,
so dass der betreffende Mensch sich langsam aber sicher zu
seinem eigenen Lieblingskind macht. Das trifft zu für die
Menschen, die sich schließlich nur noch um sich selbst dre-
hen und gegenüber jeder Berührung mit der Außenwelt
hoch empfindlich reagieren. Ein quälendes Bedürfnis nach
»Pseudointimität«[27], wie Erikson das nennt, stellt sich bei
dieser Konstellation ein. Auch die bestehenden Beziehungen werden dadurch überlastet. Diese Gefahr droht dann,
wenn wir den Bezug zum größeren Ganzen verlieren und
ihn auch in uns selbst nicht wiederfinden.

Die Lebensphase des mittleren Erwachsenenalters bedeutet zugleich die absolute Krise für die narzisstischen
Störungen, die wir vielleicht von der frühen Kindheit an bis
hierher mitgeschleppt haben. Ist der Ichkomplex des Betreffenden wenig kohärent, so dass er noch immer viel
Bestätigung von außen braucht, so gerät er in Auflösungs-
gefahr, wenn diese Bestätigung immer mehr ausbleibt. Das
Altern wird dann als entscheidende narzisstische Kränkung
erlebt. Die narzisstische Störung allerdings kann behandelt
werden, wie in jedem Lebensalter, so auch jetzt noch. Es
liegt sogar eine Chance darin, dass die Begrenzungen des
Körpers und des Geistes von diesem Alter an als objektiv,
als normal betrachtet werden. Damit wird es leichter als
zuvor, sich in diesen Grenzen einzurichten, sich im guten

Sinn zu bescheiden. Die Behandlung einer narzisstischen Störung müsste jedoch jetzt endgültig angegangen werden, wenn sich der Übergang ins Alter nicht zu einer Katastrophe entwickeln soll. Das gesunde Ich hingegen »bleibt in der Treue zu sich selbst und zu dem, was geschaffen worden ist, aber es akzeptiert Grenzen und wendet sich gegen Innen, zum Selbst, ohne zugleich die Positionen in der Außenwelt aufzugeben.«[28] Die »Aufrechterhaltung der Welt« ist die Tugend des mittleren Erwachsenenalters (Erikson).[29]

Einverständnis

Das spätere Erwachsenenalter

...Dränge sie zur Vollendung hin und jage
die letzte Süße in den schweren Wein.
                                    RAINER MARIA RILKE

Der Übergang vom mittleren zum späteren Erwachsenenalter, das die Spanne vom 55. bis zum 75. Jahr umfasst, wobei man ab 65 vom späten Erwachsenenalter sprechen sollte – kündigt sich in folgendem Traum einer Frau dieses Alters an:

Im »Oldtimer«: ein neues Lebensgefühl

»Ich fahre mit einem Oldtimer durch die Gegend. Es ist noch kein ganz richtiger Oldtimer, sondern so eine alte Zitrone (Citroën), wie man sie von den Kriegsfilmen und aus den Nachkriegsjahren kennt. Er hat ein offenes Verdeck, das gibt ihm doch eine gewisse Sportlichkeit. Ich bin unzufrieden im Traum, dass man mir diesen Wagen zugeteilt hat, kann das nicht verstehen, auch weil mich andere mit Alfa Romeo usw. überholen. Mit der Zeit beginne ich es zu genießen. Ich kann die Landschaft sehen, es geht ziemlich gemächlich. Ich denke, fürs Alter sei dieses Auto vielleicht doch nicht so schlecht. Bloß das Verdeck macht mir Sorge: Wenn es zu regnen beginnt, muss ich mich beeilen – und: was mache ich bloß im Winter?«[1]

Die Träumerin berichtet den Traum nicht ohne Selbstbewusstsein, aber auch mit ambivalenten Gefühlen: So einen
alten Citroën hätte sie eigentlich ganz gern, aber auf Oldtimer könne man sich ja nicht verlassen, es sei problematisch mit den Reparaturen. Und ob man überhaupt eine
Werkstatt für solch einen Oldtimer fände? Diese Citroëns
seien andererseits ja wunderbare Autos gewesen, und das
offene Verdeck, das habe sie ganz versöhnt mit diesem Ge-
fährt. Sie verstand die Botschaft des Traumes. Er empfiehlt
ihr, mit ihren späteren Jahren Ernst zu machen und sich
dementsprechend symbolisch einen Oldtimer zu kaufen,
der ihr auch erlaubt, sich gemächlicher, zugleich stilvoller
durch die Landschaft zu bewegen. Durch seine Form, aber
auch durch sein offenes Verdeck wird der Oldtimer zu
einer, wie sie sagt, »recht aparten Erscheinung«, mit der sie
sich durchaus anfreunden kann. Der Traum weist die Träumerin allerdings auch auf ihre Tendenz hin, sich immer
wieder mit anderen, flotteren, jüngeren zu messen und
damit die Lebensphase, in der sie steht, abzuwerten, vielleicht auch in der ihr eigenen Schönheit zu verpassen. Denn
der Oldtimer hat durchaus eine sehr aparte Form, die ihr
auch liegt. Es wäre ihr adäquat, die besondere Form ihres
Alters auch zu zeigen und mit einem gewissen Charme
dazu zu stehen. Auch sieht sie in ihm viel mehr von der
Landschaft als früher in schnelleren Wagen. Solange sie die
Konkurrenz mit anderen, schnelleren Wagen aber nicht
überwindet, kann sie sich ihrer Situation nicht freuen. Das
einzige, was wirklich ungelöst bleibt, ist die Frage mit dem
Verdeck. Sie weiß noch nicht, was sie tun soll, wenn es regnen wird und gar, wenn der Winter einbricht. Darin ist eine
echte Angst vor dem noch höheren Alter verborgen, eine
Angst vor Schutzlosigkeit.

Kürzlich stellte eine geistvolle Dame, derzeit zweiund-
siebzig Jahre alt, also bereits im späten Erwachsenenalter, in

einem Vortrag die Frage, ob wir Älteren nun eher ein Auslaufmodell werden wollten oder eine Antiquität[2] – eine
Frage, die aus einem ähnlichen Erleben wie in dem eben be-
sprochenen Traum entspringen mag: Zwei Bilder, zwei
Modellvorstellungen für das Alter legt sie hier vor. Man
kann sich selber als ein überholtes Auslaufmodell verstehen
oder aber als eine Antiquität, die einen eigenen Wert hat
und, wie wir wissen, oft sehr hoch im Kurs steht.

Die Ernte einholen

Von Mitte fünfzig an spätestens kommt die eigene Sterblichkeit in Sicht, aber auch die der ganzen Menschheit, der
ganzen Natur, ein Thema, das sehr beunruhigen kann. Mit
dem Übergang über die Fünfziger-Schwelle sind andererseits Gefühle des erneuten Einholens des bisher gelebten
Lebens verbunden, ein Balancieren: einerseits das Gelebte
und die noch vorhandenen Ressourcen, andererseits auch
Defizite, was noch einmal zu einem erneuten Aufbruch an-
regen mag. Im allgemeinen gilt aber die Phase des späteren
Erwachsenenalters eher als eine Phase der Aufarbeitung
dessen, was das mittlere Erwachsenenalter an Aufbrüchen
erbracht hat.

Ressourcen gelebten Lebens

Das Entdecken der Ressourcen kommt besonders schön in
einem Traum zum Ausdruck, den eine Frau bereits an der
Schwelle ihres fünfzigsten Geburtstages träumt, der aber
auch an der Sechziger-Schwelle geträumt worden sein
könnte.

   In diesem Traum träumt sie sich selber mit Freundinnen

und Freunden aus den unterschiedlichsten Phasen ihres Lebens auf ihrer Geburtstagsfeier: Mit einer Flüchtlingsfamilie aus Guatemala, einfachen, warmherzigen Leuten, die wohl für ihre letzte Berufsphase im Entwicklungsdienst stehen; mit einem alten Linken aus der 68er Bewegung, der ihr durch seinen politischen Horizont und seinen Mut immer imponiert hatte. Er steht für ihre sozialpolitisch engagierte Phase. Zu der Tischrunde gehört aber auch ein feinfühliger, musisch empfindender Theologe, der ihr einmal viel bedeutet hat. Ihr leiblicher Bruder gehört dazu, der ihr oft und gerne widerspricht und ihr doch in vielem gleicht. Und schließlich findet sich in dieser Runde eine feine, beseelte junge Frau in einem hellen Kleid, von der sich die Träumerin besonders angezogen fühlt, mit der sie spontan anstößt, um gemeinsam mit ihr ein Glas Rotwein zu trinken.

Diese junge Frau, die es in der Wirklichkeit noch nicht gibt, ist die eigentliche Überraschung dieses Traumes und deutet den Lebensübergang an. Sie stellt nichts anderes dar als die innere Schwester, die andere Seite der Träumerin selber, die deren tatkräftige, sozialpolitisch engagierte Art von nun an durch eine zarte, nach innen gewendete Seite ergänzen kann. Sie ist jung, hat eine offene Zukunft und viele Möglichkeiten vor sich. Als solche ist sie die zukunftsträchtige Seite der Träumerin, die jetzt aktuell wird.

Dieser Traum zeigt sehr anschaulich, wie zum 50. Geburtstag alle Phasen eines auf vielen unterschiedlichen Ebenen gelebten Lebens wieder zusammenkommen können, eingeholt, aufgehoben, so dass wir ganz zu uns selber kommen, wobei auch lange vernachlässigte oder auch abgeblockte Züge unseres Lebens, seien es nun die, die der unerschrockene alte Linke, oder die, die der feinsinnige, meditative Pfarrer verkörpert, wiederkehren. Dies ist im Übrigen einer der Träume, in denen die Frau von ihrer inneren

Anima-Gestalt träumt, die den ansonsten weitgehenden Animusbezug der Träumerin – außer ihr sind lauter Männer zu Gast – wirkungsvoll um Weibliches ergänzt.

Das Höhlensystem der tieferen Lebenszusammenhänge

Ein späterer Traum derselben Frau, die nun die Sechziger-Schwelle überschritten hat, möge zeigen, wie sie seit der Zeit verstärkt den Kontakt zu ihrer inneren Welt sucht und findet. Aus Mittelamerika, wo sie nach wie vor am Aufbau von Bildungszentren aktiv beteiligt ist, schreibt sie mir den folgenden Traum:

»Ich besuche ein großes Höhlensystem mit wunderschönen großen Edelsteinsäulen – wie Basaltsäulen – in verschiedenen Farben. Einige Leute sind dabei, die Säulen von einem weißlichen Belag zu befreien, so dass man die ursprünglichen, tiefdunklen Farben sieht: Blau, Rot, Grün. Später sollen diese Höhlen für Touristen geöffnet werden. Auch eine Kammer mit Bär war da. Er hatte ein schönes, dichtes, braunes Fell. Man kann zu dem Tier reingehen.

Ich kenne die jungen Leute gut, die da arbeiten. Früher war es in dem Höhlensystem etwas anders. Ich kannte es auch gut, fand mich darin zurecht. Lebte ich da? Ein Dorf, wohl B., musste komplett verlegt werden, um besser an das Höhlensystem ranzukommen. Ich sage zu den dort Arbeitenden: Wenn ihr mal eine echte Sonne sehen wollt (vielleicht weil sie immer unterirdisch arbeiten müssen?), müsst ihr zu mir kommen, und ich nenne meine frühere Frankfurter Adresse.«

Als spontane Assoziation fügt sie hinzu: »Ich staune immer noch, dass man bei mir die ›echte Sonne‹ sehen kann.«

In meinem nächsten Brief nach Mittelamerika schreibe ich ihr, wie sie es erwartet, einige Gedanken zu diesem Traum: Der nach längerer Distanz wieder aufgenommene Kontakt mit K., einem geliebten Mann, habe offenbar bewirkt, dass sie ihr inneres Höhlensystem wieder wahrnimmt, wieder aufsucht – ein System in ihrer Tiefe, im Seelischen. Sie staunt, wie schön es da ist, es enthält ganze Säulen aus Edelsteinen, die soeben von einem Belag, der sich angesetzt hatte – wohl in der zurückliegenden Gefühlslatenzzeit gegenüber K. – wieder befreit werden. Sie kommen wieder zu ihrer vollen Leuchtkraft in den ursprünglichen Farben: Blau für seelische Tiefe oder auch Geistiges, Rot für Leidenschaft, Grün für Hoffnung und Wachstum. Ihr Gefühlsbereich in seinen ursprünglichen, tiefen Farben liegt wieder frei. Vorerst gehört dies alles nur ihr selber, es soll aber später zur Besichtigung freigegeben werden, offenbar hält sie es für sehenswert. Heißt das, dass sie sich später einmal vorstellen kann, mit anderen über ihre Erfahrungen in diesem Höhlensystem zu sprechen, sie mitteilbar zu machen? Oder wird sie es selber, zusammen mit den Touristen ihres Bewusstseins später einmal noch genauer inspizieren – alles, was sie mit und an K. und in ihrer Arbeit mit Träumen innerlich erlebt hat? Auch ein lebendes Wesen, ein Ureinwohner oder eine Ureinwohnerin dieser Höhle, ein Bär ist anzutreffen: Er stellt offenbar etwas aus ihrem Instinktbereich, ihrer Körperlichkeit und Vitalität dar, Symbol urtümlicher Mütterlichkeit, aber auch naturhafter Wildheit, etwas Königliches im Tierreich, bedeutendes Totemtier vieler Stämme. Es ist also gefühlsmäßig und instinktmäßig warm belebt in diesem Höhlenbereich und zugleich zugänglich, also mit ihrem Bewusstsein schon vertraut gemacht. Wichtig erscheint mir auch der Zug des Traumes, dass in dem inneren Höhlensystem gearbeitet wird, sogar mit jungen Kräften. Eine weitere Erforschung und Bearbeitung – durch Reflexion, neues gefühlsmäßiges Durcharbeiten – ist also bereits im Gange.

Es folgt noch die Schluss-Szene im Traum, die die Träumerin offenbar am meisten verwundert hat, wenn sie dazu schreibt: »Ich staune immer noch, dass man bei mir die echte Sonne sehen kann.« Die echte Sonne: was wäre das anderes als helles Tageslicht, Bewusstseinslicht, vitales Lebenslicht, volle Klarheit im Sinne eines freudigen, begeisterten Erkennens. Um echte Sonne zu sehen, müssten die Höhlenarbeiter, die bisher im Dunkeln arbeitenden Kräfte – so meint wohl das Ich im Traum – zu ihr, also an die Oberwelt zu Besuch kommen. Das kann doch gar nichts anderes heißen, als dass sich die Arbeitsenergien, die im Unbewussten tätig sind, von da an auch im Bewusstsein der Träumerin werden zeigen können.

Zu Fuß über die Brücke

Wenn die Lebensphase des späteren Erwachsenenalters voll ausgeschritten werden darf, so kann sie eine besonders fruchtbare Phase werden, die langsam zur Erfahrung des Gelöstseins hinüberweist. Der Ichkomplex im späteren Erwachsenenalter wird zunehmend vom Archetyp des oder der »Alten Weisen« beeinflusst. Mit der Lebenserfahrung, die gewonnen ist und die uns bleibt, werden Situationen beurteilt, wird den jüngeren Menschen Perspektive und Anregung geboten, gelegentlich auch Widerstand. Es gibt die wunderbare, mutige Freiheit des Alters, die bis in die politische Öffentlichkeit hinein wirkt und von Frauen wie Hildegard Hamm-Brücher, Männern wie Heinrich Albertz oder Helmut Gollwitzer verkörpert wird, Gestalten, die denn auch in den Träumen von Menschen dieser Lebensphase öfter vorkommen. Es ist die Phase, in der man auch nach Zeiten stärkerer Fremdbestimmung endgültig auf die eigenen Füße kommen will und kann. Ein 63-jähriger Mann träumt:

»Es ist eine große Fahrerei im Traum. Zuerst sitze ich in der Eisenbahn, die Welt flitzt an mir vorbei. Ich lese Zeitung, bin dann aber plötzlich beunruhigt, weil ich nicht mehr weiß, wie ich ans Ziel komme. Ich weiß auch nicht mehr recht, wo denn das Ziel überhaupt ist. Ich steige bei der nächsten Station aus: Ich bin erleichtert, die Gegend stimmt ungefähr.

Ich warte auf einen Bus. Fahre wieder mit dem Bus lange in einer Stadt herum, in der ich mich eigentlich auskennen sollte, aber mich doch nicht auskenne. Plötzlich bin ich in meinem Auto. Ich habe jetzt auch einen Stadtplan und suche gezielt meinen Weg. Es ist jetzt viel einfacher, weil ich fast überall durchfahren kann, wo ich will – außer da, wo Einbahnstraßen sind. Einmal fahre ich auch durch eine Einbahnstraße. Dieser Verstoß gegen die Straßenverkehrsordnung scheint mir gerechtfertigt, es kommt nämlich darauf an, dass ich möglichst rasch jemandem ein wichtiges Medikament bringe.

Dann wird der Weg immer schneller – in der Mitte einer Holzbrücke, die über einen Bach geht, wage ich nicht mehr weiterzufahren, ich weiß auch nicht, wie ich zurückfahren soll. Ich bin dann aber plötzlich zu Fuß unterwegs, das geht langsamer, aber jetzt kann ich wirklich überall gehen, wo es mir richtig erscheint. Ich werde wach, bevor ich das Ziel erreicht habe.« [3]

Der Traum zeigt noch einmal die Schwierigkeit auf, die für diesen Mann darin liegt, über die Schwelle zu kommen, in das hinein, was das spätere Erwachsenenalter bieten kann, nämlich: »Jetzt kann ich wirklich überall gehen, wo es mir richtig erscheint.« Zunächst fährt er etwas ziellos und hektisch in der Welt herum, eine »große Fahrerei ist im

Gang«. Vielleicht erscheint diese Fahrerei auch wie ein
Rückblick auf seine bisherige Art und Weise, sich im Leben
zu bewegen. Zuerst sieht er sich noch einmal in der Eisenbahn sitzen, also in einem fahrplanmäßigen, kollektiven
Verkehrsmittel, in dem man sich transportieren lässt, nicht
selber lenkt. Für diesen Modus, sich fahren zu lassen, ist
aber offenbar die Zeit vorbei. Er verliert dabei nur das Ziel
aus den Augen: Das Ziel kann ja in dieser Phase kein kol-
lektives mehr sein, sondern ist das individuelle Ziel seines je
eigenen Lebens, die Individuation: »Am Ende der Tage
wird man mich nicht fragen: Warum bist du nicht Mose gewesen? Am Ende der Tage wird man mich fragen: Warum
bist du nicht Sussja gewesen?« So sagt es eine chassidische
Geschichte, die Martin Buber[4] überliefert hat.

Der Träumer steigt also bei der nächsten Station aus dem
kollektiven Verkehrsmittel, das auf vorgegebenen Schienen
fährt, aus und fühlt sich sofort erleichtert, weil nun wenigstens die Gegend, in der er sich befindet, ungefähr für ihn
stimmt: Er ist also »ungefähr« in der Ziellandschaft seines
Lebens, in den für ihn adäquaten Lebensumständen angekommen. Er steigt in einen Bus um, das heißt: Noch immer
lässt er sich fahren, steuert nicht selbst. So kommt es, dass
er in einer Stadt, die er eigentlich kennen müsste, noch
immer relativ ziellos herumfährt. Dabei merkt er immerhin, dass er sich in seiner Stadt – auch ein Symbol für das
Selbst – noch nicht genügend und seiner Lebensreife entsprechend auskennt. Jedoch gibt er nicht auf, nimmt sich
diese Erkenntnis zu Herzen und fährt jetzt in einem noch
individuelleren Verkehrsmittel, dem Auto – dessen Um-
weltschädlichkeit hier nicht zur Debatte steht –, weiter,
lenkt nun endlich selbst und sucht in einem Stadtplan zum
ersten Mal in diesem Traum »gezielt« seinen Weg. Sobald er
individuell fährt, sind aber auch Entscheidungen verlangt:
Offenbar riskiert er es, eine Einbahnstraße verkehrswidrig

zu befahren, da er ein Medikament zu befördern hat. Eine
individuelle ethische Entscheidung will hier gegen kollekti-
ve Gebote und Verbote verteidigt werden. Er ist nun auf
der Stufe angekommen, in der solch freie und dem eigenen
Gewissen verpflichtete Entscheidungen von Fall zu Fall
möglich sind, auch dies ein Charakteristikum des späteren
Erwachsenenalters. Doch damit nicht genug: Der Weg im
Traum wird schmaler – wird hier auf die späte Lebensphase des Träumers angespielt? –, und es geht auf einmal um
eine klassische Übergangssituation, eine Flussüberquerung
auf einer relativ schmalen Holzbrücke, die bezeichnenderweise von keinem Fahrzeug mehr befahren werden kann.
Das könnte vielmehr geradezu gefährlich werden. Auf der
Mitte des Übergangs merkt es der Träumer endgültig und
hält inne. Da findet er im Traum den rettenden Ausweg,
die dritte Möglichkeit: nämlich fortan zu Fuß zu gehen.
Natürlich geht dies langsam, verglichen mit dem früheren
Vorankommen im Auto, doch die entscheidende Erkenntnis lautet: »Ich kann jetzt wirklich überall gehen, wo es mir
richtig erscheint.« Dies ist die neugewonnene Freiheit des
Alters, ein neuer Schritt in die Autonomie.

Weißes Licht

Eine andere Frau, von deren Traum eingangs schon die
Rede war, vermag in diesem Alter zum ersten Mal ihre ver-
gangene und teilweise verschüttete Lebenslandschaft ganz
auszuschreiten, durchwandert sie wie eine antike Ausgra-
bungsstätte: am zerstörten Regierungssitz und Thronsessel
vorbei, am Kerker der Gefangenen, an einer geheimnisvollen, von viel menschlichem Leid zeugenden Säule, wo die
Träumerin, die sonst lieber für sich allein ist, auf einen sach-
kundigen Mann trifft, der, nachdenklich und ergriffen wie

sie selber, diese Säule intensiv betrachtet. »Da tritt hinter der Säule ein Mann mittleren Alters, ein Arzt hervor. Er hatte sie betrachtet und wechselt nun, in tiefen Gedanken an mir vorübergehend, zur anderen Seite hinüber. Ich fühle mich gestört. Er gehört nicht zu unserer Gruppe. Ich wähnte mich hier allein. Aber sein stiller Ernst, der etwas zu begreifen scheint, lässt mich seine Anwesenheit respektieren.«

Zuletzt führt sie der Weg einige Stufen hinab in ein altes antikes Bad, das einen besonders schön gestalteten und geschmückten Bodenbelag zeigt. Schon im Traum sieht sie das Wasser, das hier einmal hervorströmte, so klar vor sich, dass es fast wieder zu strömen beginnt. »Fast sehe ich es sprudeln, so dass man unten duschen, möglicherweise in dem Bassin auch baden konnte. Wir überlegen, schließlich könnte es sogar warmes Wasser gewesen sein, also ganz komfortabel.« An dieser Stelle wird der Traum für sie ganz lebendig und präsent: Es geht um sie selbst, die nach dem Bilanzieren ihrer zerstörten, wenn auch ehrwürdigen Lebenslandschaft – indem der ehemalige Regent gestürzt ist und auch die Gefangenen nicht mehr festgehalten werden können – vor der Frage steht, ob es für sie noch ein regenerierendes Bad geben könne. Seit sie den Mann an der Säule wahrnahm – ein Symbol ihres Therapeuten, wie sie sich selber sagt –, weiß sie auch um jemanden, der an ihrem Lebensschicksal teilnimmt, was sie nach einem Moment der Scham – glaubte sie doch lange, alles alleine bewältigen zu können – nun doch auch ermutigt.

In einem Brief, in dem wir Gedanken über den Traum austauschen, schreibt sie hierzu: »Beschwerlich ist es doch immer, sich über Gewesenes oder gar neu zu orientieren: ›Orient‹ weist nach Osten, dass einem ein Licht aufgeht.« Und sie fügt etwas äußerst Bedeutsames hinzu, was sie bisher noch nicht erwähnt hatte: »Über das ganze Traumbild in seiner Weite, um die Pfeiler der Porta Aurea, dort und hinter den Fensterarkaden, flutet ein weißes, mediterranes Licht.« Über der ganzen Traumlandschaft liegt also eine einheitliche Lichtatmosphäre, die alle Einzelheiten zu einer Einheit zusammenschauen lässt. Dazu ist es besonderes Licht: mediterranes von großer Intensität und Klarheit, das Licht, das die großen Maler zu Beginn der Moderne inspirierte, die es künstlerisch zum Licht ihrer Bilder transformierten, Maler, die der Träumerin etwas bedeuten! Darüber hinaus ist es »weißes Licht«, ein nicht nur atmosphärischer, nicht nur künstlerischer, sondern ein mystischer Terminus, von Schauenden und Wissenden in Ost und West gebraucht. Wo »weißes Licht« einbricht, geht es um letzte Erkenntnis, geht es um das Licht der Transzendenz. Dies ist ein Aspekt, der der Träumerin anfangs wohl befremdlich erschien. Dennoch gehört es entscheidend zu diesem Traum, als wolle es anstelle des verlorenen Gottesbildes, jenes gestürzten Tyrannen, als klare, erhellende, ja erleuchtende Lichtatmosphäre die Lebenslandschaft der Träumerin durchdringen und deren schroffe Kontraste miteinander verbinden. Hier deutet sich auch ein möglicher Übergang in eine neue spirituelle Entwicklung hinein an.

Wegweisend und nährend: Die Ankunft der Muttergottes-Ikone

Bereits vier Monate früher hatte die gleiche Frau einen erstaunlichen Traum geträumt, in dem ihr auf einem Fluss eine Madonnen-Ikone, die Tichvinskaja, ein Typus der »Wegführerin« (ein Hodigitria-Typ) entgegentreibt. Der Traum lautet in ihrer eigenen Niederschrift:

»Auf der inneren von fünf Linien, Notenlinien, gleitet eine Ikone. Es ist der Fluss, auf dem die Tichvinskaja, ein

Hodigitria-Typ, das ist ›Wegführerin‹, dahintreibt, zu deren
Legende gehört, dass sie auf dem Sjas bei Tichvin an das
Ufer geschwemmt wurde. Im Näherkommen wandelt sie
sich in die Lucca-Madonna des Jan van Eyck, einer Lactans.«

Die »Lactans«, das ist der Ikonentyp einer stillenden Madonna. Im Herantreiben auf dem Fluss – sie wird landen,
sagt die zugehörige Legende – verwandelt sich diese Mari-
en-Ikone vom Typ der Wegführerin sogar in den einer stillenden Madonna. Zu den Assoziationen um die Madonna
des Jan van Eyck gehört auch, dass die Großmutter der
Träumerin eine geborene »Eick« war. Die Madonna, eine
Wegweisende, Nährende, Stillende, verbindet sie also mit
dem mütterlichen, dem großmütterlichen Element ihrer
Familie. Der ganze Traum zeigt eine Verbindung mit der
großen Mutter an: Die Ikone gleitet auf der mittleren von
fünf Notenlinien zu ihr heran, also wie eingebettet und ge-
leitet von Musik. Musik im Traum zeigt immer an, dass das
entsprechende Bild von einem starken, tiefen Gefühlston
begleitet ist. Wegführerin und stillende Mutter möchte ihr
das Ikonen-Gottesbild also werden, das vom Lebensfluss
zu ihr herangetragen wird.

Die Brücke zurück

Ein Jahr später träumt die gleiche Frau von einem schwierigen – viel Schmerzliches wiedererweckenden – aber gelin-
genden Fluss- und damit auch Lebensübergang:

Wenn sie hinüberkommt, kann ihr Leben weitergehen.
Daran hängt nun alles.

Auslaufmodell oder Antiquität –
Von Mitte sechzig bis über die Siebziger-Schwelle

In die Lebensphase jenseits der Sechzig fällt für viele Menschen die Krise, die die Pensionierung mit sich bringt. Oft trifft sie die Männer noch stärker als die Frauen. Es erhebt sich die große Frage, die natürlich schon in den früheren Phasen latent vorhanden war: Was bin ich eigentlich, wenn ich »nichts« bin, wenn ich jedenfalls in beruflicher Hinsicht nichts mehr bin? Je stärker ein Mensch mit seinem Beruf identifiziert war, desto mehr stürzt ihn der Verlust der Berufstätigkeit in eine tiefe Identitätskrise. Aber der Traum eines Mannes in diesem Alter, der wegen seiner Pensionierungskrise Therapie aufgesucht hat, erzählt auch das andere:

Die wartende Kutsche der Anima

»Vor meinem Firmengebäude wartet eine Kutsche, gelenkt von einer attraktiven und klugen Frau. Sie sagt zu mir: ›All die Jahre, die du in der Firma warst, habe ich schon auf dich gewartet.‹ Ich steige begeistert ein und habe mit dieser Frau und dieser Kutsche die interessantesten Erlebnisse, vor allem auch in solchen Bereichen, in die ich mich mein Leben lang bisher nicht vorgewagt habe.«

Eine Anima-Gestalt zeigt dem Träumer, dass auch jetzt noch neue Entwicklungsmöglichkeiten bestehen, im erotischen und im intellektuellen Bereich, die durch die Berufswelt lange genug blockiert gewesen waren. Er besucht, inspiriert von dieser inneren Traumfrau, die Universität des dritten Lebensalters, wo er seine früheren Lieblingsfächer Philosophie und Physik hört, lernt auf der Zugfahrt zu der Universität immer wieder einmal interessante Menschen kennen, wagt sich gelegentlich auch mit einer attraktiven

Frau ins Gespräch. Schließlich greift er seine alten Hobbys Reiten und Bergwandern wieder auf, sein Leben füllt und belebt sich wieder, auch mit einem neuen Freundeskreis. Die innerste Belebung aber besteht in dieser Anima-Gestalt, die, wie sie sagt, »während all seiner Berufsjahre schon auf ihn gewartet hat« und ihm nun die Inspiration seiner Seele vermittelt.

Der Träumer fühlt sich in dieser Phase – wie so mancher andere auch – in der neuen Gefühlsentwicklung von seiner Frau allein gelassen, findet in dieser Zeit aber zu seiner inneren Frau, die ihm neue Lebensbereiche erschließt.

Die gegengeschlechtlichen Anteile unserer Person sind in diesem Alter meist so weit integriert, wie sie überhaupt integrierbar sind, die Frau wird dementsprechend eigenständiger, willensbetonter und folgt eventuell während der letzten Berufsjahre bewusst fachlichen und geistigen Interessen, während der Mann gefühlsbetonter, beziehungsbedürftiger und vielleicht beziehungsfähiger wird. Er fühlt sich in dieser Phase von seiner Frau gelegentlich nicht verstanden, weil sie in dieser Zeit gerade erhöhte Aktivität in der Außenwelt sucht und sich manchmal selbst von der intimen Beziehung zurückzieht.

Manche Beziehungen, manche festgefahrenen Ehen scheitern an dieser Phasenverschiebung und Rollenvertauschung zwischen Frau und Mann, andere erneuern sich, indem sie einen bewussten Rollentausch vornehmen, indem der Mann zum Beispiel nun sensibel und emotional der Frau den Rücken stärkt, wenn sie zu der Zeit womöglich in einer neuen sozialen oder politischen Verantwortung steht. Der Mann füllt nun eine Rolle aus, die die Frau zuvor oft jahrzehntelang für ihn und seine berufliche Karriere übernommen hatte.

Alt und weise

Der Ichkomplex wird im späteren Erwachsenenalter zunehmend vom Archetyp des Alten Weisen beziehungsweise der Alten Weisen beeinflusst, wie er zum Beispiel in Märchen geschildert ist, in denen diese Gestalten aus großer Lebenserfahrung heraus so manche Lebenssituationen zu beurteilen vermögen, weshalb sie auch auf der Höhe wohnend vorgestellt werden, wo ratsuchende junge Menschen sie gelegentlich aufsuchen. Von ihrem Überblick aus vermögen sie Orientierung zu geben, Denkanstöße, auch Kritik und damit die jüngeren Menschen auf deren Weg zu schicken.

Mit dem Archetyp des Alten Weisen, der Alten Weisen in Beziehung zu treten bedeutet, wie Erikson es ausdrückt, »erfüllte und gelöste Anteilnahme am Leben im Angesicht des Todes«[5].

Auch wenn es Ausnahmen gibt, wie den gerade in seinem Alter ehrfurchtgebietenden Nelson Mandela, der die Erfahrung eines ganzen leidvollen Lebens in die Politik einbringt, wird in dieser Lebensphase das Handeln doch im allgemeinen zunehmend mit der jüngeren Generation geteilt und ihr anvertraut. Gewiss erfolgen noch Stellungnahme und Einflussnahme, oft energisch mit der Autorität des Alters vorgetragen – ich erinnere noch einmal an Heinrich Albertz und Helmut Gollwitzer mit ihrem gerade im Alter wegweisenden politischen Handeln –, aber diese Einflussnahme erfolgt im allgemeinen nicht mehr kontinuierlich, jedenfalls wenn die betreffenden Menschen ihre Altersstufe recht verstehen. Eine neue Freiheit von jeglichem gesellschaftlichen Rollenzwang, vom Archetyp des weisen Narren getragen, ermöglicht vielmehr sowohl das Loslassen wie auch die mutige politische Einzelaktion.

Allmählich setzen Rückzug und Rückschau ein: Die

Rückschau, wenn nicht als bloße Aufwertung des Vergangenen und Entwertung des Gegenwärtigen verstanden, fördert ein weiteres Mal die Introspektion und Introversion. So wird noch einmal eingeholt, was die Essenz der lebenslangen Beziehungen war, sowohl der mitmenschlichen Beziehungen, des Eroserlebens, als auch der Beziehung zu sich selbst. Letztlich wird, wie zum Beispiel auch in Carl Gustav Jungs Alterswerk, ein Bezug zum großen Ganzen, zum überpersönlichen Selbst, zu der Anima mundi, der »Weltseele« und der zugehörigen Weisheit gesucht und gefunden.

Eine Heimat zum Mitnehmen

Eine schöne Möglichkeit dieser Altersstufe ist, dass sich aus dem Abstand heraus auch ein mildernder Blick auf traumatisierende Erlebnisse der Lebensgeschichte ergibt. So vermochte eine Frau jenseits der Sechzig zum ersten Mal das Schicksal der Vertreibung, das sie seit ihrer Jugend traumatisiert hatte, mit neuen Augen zu sehen:

»In einem russischen Schiff fahre ich an der Kurischen Nehrung vorbei und sehe die Landschaft meiner Kindheit noch einmal in vollem Glanz. Ich fahre an all den Orten und Häusern noch einmal vorbei, die mir etwas bedeutet haben, und grüße innerlich die Menschen, die heute dort wohnen. Aber auch das Schiff erscheint mir schön, ich habe ein versöhnliches Gefühl, auch wenn ich weiß, dass ich nie mehr hier werde leben können.«[6]

Sie weiß angesichts dieses Traumes zugleich, dass ihr niemand mehr nehmen kann, was jene Zeit an der Kurischen Nehrung für sie bedeutet hat und was sie ihr als »innere Heimat« bis heute ist.

Der wiedererstandene Vater

Verstorbene Menschen, deren Verlust wir tief betrauert haben, können – gerade nach einigen Jahren – in unserer Erinnerung und Liebe gleichsam »auferstehen« und werden von da an unverlierbare innere Begleiter. So träumt eine Achtundsechzigjährige, die den vor vier Jahren verstorbenen hochbetagten Vater bis zum Ende betreut hat, nun von ihm:

»Ich sehe den Vater, der hingefallen ist, so liedschäftig am Boden liegen, wie er in der ganzen letzten Zeit seines Lebens eben war. Da habe ich den Impuls, ihn doch wenigstens aufzusetzen. Als das gelingt, richte ich ihn ganz auf, bis er steht. Da beginnt er auf einmal zu laufen, ganz zügig und schnell wie früher – uns allen voraus!«

Sie, die bisher wenig auf eigene Träume geachtet hatte, wundert sich sehr über diesen Traum. Da ist der verstorbene Vater wieder! Dieser Traum zeigt genau die von ihr überschrittene Schwelle: die Erinnerungs- und Trauerarbeit der vier seit seinem Tod vergangenen Jahre hat den Vater in der Psyche der trauernden Tochter wiederbelebt, er ist ein innerer Vater geworden, den sie durch ihre liebevolle Zuwendung wieder aufrichtet, bis er wieder der Vater wird, der er einmal war: nicht mehr der »liedschäftig« Gebrechliche des hohen Alters, sondern der Rüstige, Sportliche, Unverwüstliche, der er bis weit ins späte Erwachsenenalter hinein gewesen ist, in vielem der Tochter eine Leitfigur.

Es lässt sich immer wieder beobachten, dass in der Schwellenüberschreitung, die Tod, Trauer und Trauerarbeit mit sich bringen, die Verstorbenen in unseren Träumen sich wieder verjüngen, wieder in das Alter kommen, in dem sich die intensivste Beziehung mit ihnen, hier zwischen Vater und Tochter, abgespielt hat. Doch ist noch mehr in diesem Traum enthalten. Die Träumerin, die zu der Zeit einen wei-

teren nahen Menschen durch eine lebensgefährliche Er-
krankung begleitet, erlebte sich in den letzten Wochen selber fast so am Boden liegend wie seinerzeit den Vater. Da
zeigt ihr dieser überraschende Traum am Bilde und Beispiel
des Vaters, der 92 Jahre alt geworden war und somit ein
Symbol des immer wieder Auferstehens, dass auch sie selber – wie der Vater in ihr – sich wieder aufrichten, wieder
aufstehen und allen vorangehen könne. Es ist bemerkenswert, wie ihr der Traum zugleich sagt, dass sie selber diejen-
nige sei, die Kraft zum Wieder-Aufstehen vermitteln kann,
sie ist es, die den Vater aufrichtet.

Der innere Lebensgefährte

Die gleiche Frau erzählt mir zwei Jahre nach dem Tod
ihres sehr geliebten Mannes, den sie tief betrauert hat, den
folgenden Traum:
»Er ist wieder da. Ein alter Freund von ihm sagt verwundert, er sei doch tot, er könne doch nicht wieder da
sein. Ich erwidere, dass ich das auch wisse, er sei aber trotzdem wieder da. Wir sitzen zu mehreren um den Tisch, Fa-
milienangehörige, Freunde und er, ich setze mich ganz nah
zu ihm, lehne mich an ihn. Er ist wirklich da. Ich frage ihn
vorsichtig, scheu, wie es denn sei da drüben, wo er jetzt sei.
Es sei ganz recht, meint er in seiner nüchternen Art, die er
immer hatte. Und ob es wirklich so sei, dass man – ich finde
das sogar im Traum eine kindliche Vorstellung – die nahen
Menschen wiedertreffe, die man verloren habe. ›Natürlich‹,
sagt er nur.«
Auch dieser Traum spricht überwältigend deutlich vom
innerseelischen Wiederkommen des verstorbenen geliebten
Menschen. Dabei weiß die Träumerin auch im Traum nur
allzu gut, dass er verstorben ist, dies wird noch verstärkt

durch die ungläubige Rückfrage seines Freundes. Das Wissen darum, dass ein Verstorbener tot ist – in der Realität selbstverständlich, im Traum aber keineswegs –, gilt andererseits, wie wir an vielen Träumen beobachten, als die Voraussetzung dafür, dass wir in dem wieder Lebendigen, dem wir im Traum begegnen, nicht nur die Erinnerung vor uns haben, das erinnerte Bild, sondern ein neues Bild des Verwandelten, der bezeichnenderweise auch nicht mehr die Zeichen des Todkranken, die wir zuletzt an ihm wahrnahmen, an sich trägt, sondern der wieder gesund ist wie in seinen besten Zeiten. Dass es nicht einfach nur ein Erinnern ist, zeigt sich auch daran, dass er um das Drüben weiß: Er weiß es so nüchtern zu vermitteln, dass es der skeptischen Träumerin glaubwürdig und damit tröstlich erscheint. Der Traum gibt ihr zweierlei: die Gegenwart des geliebten Menschen, die durch ihn vermittelte tröstliche Ahnung, dass er es ›recht‹ habe in seiner neuen Existenz, und dass es zu einer Wiederbegegnung mit allen Verstorbenen kommt. Ob nur im Innenraum der Psyche – dort gewiss! – oder auch »objektiv«, muss offen bleiben, darf aber auch offen bleiben, denn bereits die unbezweifelbare Wiederbegegnung im Traum vermag zu trösten, weil dabei das psychische Kraftfeld des Vermissten in dem Träumenden wieder präsent wird, wie es auch stärkend auf ihn einwirkt.

Durchblicke nach drüben

In der Phase des späteren Erwachsenenalters werden die »Wände« unserer diesseitigen Existenz gleichsam immer durchlässiger, durchsichtiger – gewiss auch, weil sie uns »brüchiger« scheinen – und geben damit gelegentlich »Durchblicke nach drüben« von erschütterndem Ernst und ergreifender Schönheit frei.

Ich berichte in diesem Zusammenhang den Traum einer Frau, die zu der Zeit nahe der Sechziger-Schwelle steht und den bevorstehenden Übergang auch stark in ihr Lebensgefühl aufgenommen hat. Sie war durch einen ersten tiefen gesundheitlichen Einbruch, eine Durchblutungsstörung im Gehirn, stark irritiert worden. In dieser Zeit erfuhr sie eine heftige Verunsicherung in ihrem bisherigen Selbstgefühl und in ihrer Lebenseinstellung, was ihr aber zugleich die Dimension der Transzendenz eröffnete. Der Traum, der in Alexandropolis, auf dem Heimweg von einem Ferienaufenthalt in Samothrake geträumt wurde, lautet in der Niederschrift der Träumerin:

Das Pfauenrad am Himmel: Einbruch von Transzendenz

»Es ist Nacht; ich stehe draußen unter einem weiten Himmel. In der Nähe steht eine kleine Gruppe von Menschen, einige sind mir bekannt. Ich stehe alleine und erlebe plötzlich eine bewegende und erschreckende Lichterscheinung am Himmel: ein deutlich begrenzter Lichtschleier erscheint, einem Pfauenrad ähnlich, mit vielen Lichtpunkten in einem zarten, durchscheinenden Oval, wie eine Mandorla, sehr hell, leuchtend, nicht nur flächig, mit einer inneren Struktur durch bewegte Lichter. (Es ist sehr schwer, dieses Bild zu beschreiben.)

Diese kosmische Erscheinung verschlägt mir den Atem; ich denke an Weltuntergang, Weltende. An den Rändern des Lichtbereichs erscheinen helle Gestalten, nur als gestaltetes Licht zu sehen, die sich vom – jetzt zarteren, immer noch lichten – Inneren abheben. Am linken Rand erscheint eine deutliche, besonders große Gestalt – eine Christus-Gestalt? Vielleicht habe ich auch erst jetzt das Gefühl des

Weltendes und meines Endes; ich falle auf die Knie und übergebe mich Gott.

Ich weiß nicht mehr, wann ich in dem mich überwältigenden Erleben die Menschen in der Nähe – ich glaube, es sind Anna und Eva und eine junge Frau, die ich kenne, aber nicht erinnere – aufmerksam mache auf das Geschehen, das sie bisher nicht bemerkt haben. Eva ist – nachdem die ›Erscheinung‹ langsam aus dem oberen Bereich nach unten sinkt, als würde sie in einer runden Bewegung die Weltkugel nach unten tragen (anders kann ich meinen Eindruck nicht beschreiben) – plötzlich außer sich vor Ergriffensein, rennt schreiend von ihrem höher als mein Standort gelegenen Platz an mir vorbei. Ich stehe wohl in der Mitte zwischen ihrem bisherigen Platz und dem, auf den sie zurast. Mir erscheint ihr Schreien und Rennen wie Hysterie, aber auch wie ein tiefstes Erschüttertsein von dem kosmischen Bild.

Der Weg, den Eva rast, endet in einem Tür- oder Fensterrahmen, den sie ungebremst hinaufrast, nicht in ihrer Gestalt, sondern in der eines pudelähnlichen Tieres, das weich und unverletzt herunterstürzt.

Wieder auf dem Boden, hat Eva ihre Gestalt wieder, wirkt aber zerrissen (auch von ihren Kleidern her); wie besessen sind auch ihre Worte. Sie sitzt jetzt links von dem Rahmen auf einem Stuhl. Irgendetwas sagt sie über ihre Brüste; es klingt wie nach einem Mythos, einem priesterlichen Frauenritual, überpersönliche Worte.

Die junge Frau bei Anna macht eine abfällige Bemerkung über Evas Äußerungen. Ich hatte zwar auch den Impuls, mich von Eva zu distanzieren, weiß aber, dass ich (oder irgendjemand) jetzt bei ihr bleiben sollte. Ich fahre die junge Frau an, ihre Äußerungen seien geschmacklos und ›einige Stufen weit unter ihrem Niveau‹. Dabei erlebe ich mich ziemlich überheblich.

Ich gehe zu Eva zurück und frage sie, was ihr jetzt gut tun könnte. Sie sagt, sie wolle nackt untertauchen – in ein Wasser, von dem ich denke, sie werde darin womöglich untergehen, nicht wieder auftauchen. (Mich erinnert das an ein Bild aus Eliade: Auf der Matuleasa-Straße.) Ich kann aber akzeptieren, dass es so sein muss, denke an Tod (aber vielleicht auch Wiedergeburt).«

Die Träumerin fügt hinzu: »Ob es zu Evas Schritt kommt, erlebe ich im Traum nicht mehr. Mir wäre es wichtig gewesen, weil ich – vielleicht noch im Traum, sonst unmittelbar danach – das Gefühl, das Wissen spüre, es gehe um meinen, nicht Evas Weg.«

In der Tat geht es um ihren eigenen großen Lebensübergang. Der Zeitraum und der Schauplatz des Traumes, der ihr den Atem verschlägt, ist die Nacht, das bisher Unbewusste also: »... Ich stehe draußen unter einem weiten Himmel.« Einige Menschen, vielleicht auch eine Therapeutengruppe, wie sie hinzufügt, Menschen also, die heilend wirken, sind immerhin in ihrer Nähe. Doch steht das Traum-Ich hier für sich alleine und erlebt in diesem »Für-sich-Sein« nun »plötzlich eine bewegende und erschreckende Lichterscheinung am Himmel«. Mehrere Merkmale lassen erkennen, dass es sich bei dieser Vision um ein Ganzheitsbild handelt: die Mandorla-Form und die Farbfülle des augenübersäten Pfauenrads. Von der Erscheinung einer *Cauda pavonis*, dem »Pfauenschwanz«, sprechen die Alchimisten, wenn die Vollendung ihres Umschmelzungs- und Transformationsprozesses und damit die Vollendung ihres Opus naht. Von der Mandorla-Form umgeben, der Form einer umschließenden Mandelschale – eines sich öffnenden Muttermundes –, malen buddhistische, hinduistische und christliche Künstler die Epiphanie einer Gottheit. Wo die Mandorla auftaucht, ist göttliche Epiphanie zu erwarten. In Gestalt eines Ovals erschien der großen Visionärin des 12. Jahrhunderts, Hildegard von Bingen, das ganze Weltall zugleich als ein Bild des »Leibes Gottes«[7], ebenfalls durch innere Lichter strukturiert wie bei der Träumerin.

Es ist nachvollziehbar, dass diese ungeheuerliche Erscheinung der Träumerin zunächst einfach den Atem verschlägt. Gedanken an Weltuntergang und Weltende, auch an ihr eigenes Ende, springen in ihr auf. Wo die Mandorla erscheint, entsteht immer so etwas wie ein Tor für weitere Epiphanien. Zu den inneren Lichtern der anfänglichen Erscheinung gesellen sich nun Lichtgestalten, Wesenheiten, die nur als gestaltetes Licht zu sehen sind. So schaute die Visionärin Hildegard von Bingen die Engel. Könnte es sich hier um etwas Ähnliches handeln: um in Licht verwandelte Seelen? Ein überwältigendes und tief berührendes Bild!

Schließlich erscheint am linken Rand des Bildes, also in der symbolischen Region des bisher Unbewussten, eine deutliche, besonders große Gestalt. »Eine Christus-Gestalt?«, durchfährt es die Träumerin. Sie hält fest: »Vielleicht habe ich auch erst jetzt das Gefühl des Weltendes: Ich falle auf die Knie und übergebe mich Gott.« Es ist keine Frage für sie in dem Traum, was sie tun kann, wenn das Ende kommt: In fragloser, erschütterter Hingabe überlässt sie sich Gott – in einer Selbstverständlichkeit, die sie im Wachzustand und im Rückblick auf den Traum wundert und zugleich tröstet.

Erst nach langer Zeit, wie erwachend, nimmt die Träumerin wahr, dass die Menschen in ihrer Nähe – Anna, Eva und eine weitere ihr bekannte junge Frau – das Geschehen noch nicht bemerkt haben. Nun macht sie die anderen auf die kosmische Erscheinung aufmerksam. Die »Erscheinung« sinkt indessen »langsam aus dem oberen Bereich nach unten«, als würde sie in einer runden Bewegung die Weltkugel von unten tragen. Auf einmal ist nun Eva völlig gepackt von dem Geschauten. Eva, eine Schwesterfigur des Ich, nimmt später als diese selbst wahr, was geschieht, zeigt sich aber leidenschaftlicher und unmittelbarer davon ergriffen – in einer Ausdrucksstärke und Expressivität, die das Ich nicht ganz so zulassen kann, die aber letztlich doch zu ihm gehört.

Wie das Ich der Träumerin auch räumlich in der Mitte zwischen Evas bisherigem Platz und dem, auf den diese zurast, steht, so steht es auch emotional in der Mitte zwischen einem solchen Gefühlsausbruch und eben noch bewahrter Fassung: »Mir erscheint ihr Schreien und Rennen wie Hysterie, aber auch wie ein tiefstes Erschüttertsein von dem kosmischen Bild.« Der Weg, den Eva entlangrast, endet in einem Tür- oder Fensterrahmen, auf den sie ungebremst zurennt – steckt in diesem Motiv womöglich auch ein suizidaler Impuls? –, doch nun plötzlich nicht mehr in ihrer eigenen Gestalt, sondern in derjenigen eines pudelähnlichen Tieres, das weich und unverletzt offenbar die Außenmauer hinunterstürzt. – Soll diese Verwandlungsfähigkeit in einen Pudel vor allem ein gnadenhaft schützendes Element in diesen ekstatischen Lauf hineinbringen? Oder ist Eva in ihrer Ekstase plötzlich die schamaninnenhafte Fähigkeit zur Verwandlung in ein Tier gegeben? Handelt sie plötzlich nur noch instinktiv, wofür diese Verwandlung in den Pudel auch stehen könnte? Jedenfalls bleibt sie durch die Verwandlung wohlbehalten, sie fällt weich und unverletzt. Doch als Eva wieder auf den Boden, in ihre menschliche Gestalt zurückkehrt, wirkt sie dennoch wie zerrissen. Wieder kommt etwas Schamaninnenhaftes ins Spiel, wie von etwas Überpersönlichem obsediert, klingen ihre Worte, magisch rituell. Es geht um ihre Brüste, ihre Weiblichkeit. Die Traumszene erinnert auch an die sogenannte »Besessenheitskrise«, die entscheidende Phase in schamanistischen Heilungsritualen, während der die so Erkrankte am

Potential einer Göttin, eines Gottes Anteil bekommt und dabei ihre Ganzheit, ihre Heilung wiedererlangt.

Doch nun wird es der jungen Frau neben Anna zu viel, sie ist ebenfalls eine Schwesterfigur der Träumerin, zugleich eine »Schattenschwester«, macht sie doch eine abfällige Bemerkung über Evas ekstatische Äußerungen. Wie nahe sie damit dem Ich der Träumerin steht, zeigt sich darin, dass auch das Traum-Ich in diesem Moment den Impuls hat, sich ihr anzuschließen und Eva zu kritisieren. »Spüre den Impuls, mich von Eva zu distanzieren, weiß aber, dass ich (oder irgendjemand) jetzt bei ihr bleiben sollte.« Angesichts der Abwehr jener anderen Frau verfällt das Traum-Ich nun ins Gegenteil: »Ich fahre die junge Frau an, ihre Äußerungen seien geschmacklos und seien ›einige Stufen weit unter ihrem Niveau‹. Dabei erlebe ich mich als ziemlich überheblich.« Die Ambivalenz des Traum-Ichs gegenüber Eva einerseits und jener jungen Frau andererseits zeigt an, dass sie selbst in dem Moment noch zwischen den Extremen schwankt, Evas Ekstase als adäquat zu akzeptieren oder als inadäquat abzulehnen. Auch der kritischen jungen Frau gegenüber, die ihrem eigenen Denken so nahe steht, erlebt sie sich als überheblich. Erst nach diesem selbstkritischen Durchspielen der extremen Positionen an ihren symbolischen Vertreterinnen im Traum kann sie sich der Schwesterfigur Eva offen zuwenden: »Ich gehe zu Eva zurück und frage sie, was ihr jetzt gut tun könnte. Sie sagt, sie wolle nackt untertauchen ...« Nackt untertauchen – ein uraltes Heil- und Taufritual – kommt der Träumerin dabei in den Sinn. Zwar regt sich im Traum-Ich noch einmal ein angstvoller Impuls im Blick auf dieses nackte Eintauchen ins Wasser, das Eva sich wünscht: Sie könnte darin untergehen. Das Traum-Ich ist eher skeptisch, aber doch nicht ohne Hoffnung für Eva.

Die fraglose Selbstübergabe der Träumerin an Gott zu

Beginn des Traumes hebt sich ab von Evas ekstatisch-kopf-
loser Reaktion und ist in ihrer Ergriffenheit dennoch mit
Eva verwandt, bis hin zu deren Sturz über den Fenstersims,
zu deren Rückverwandlung ins Animalisch-Instinktive
und schließlich zu dem ersehnten nackten Eintauchen ins
Wasser. Es scheint angesichts transzendenter Erlebnisse,
wie sie in diesem Traum erscheinen, wichtig, das Leibliche
und das Weibliche, wie es in der Gestalt Evas erscheint,
nicht zu überspringen beziehungsweise gar zu verachten.
Ist es Zufall, dass die beiden Seitenfiguren des Traum-Ichs
Frauen sind und Anna beziehungsweise Eva heißen? Geht
es nicht um Einbringung des Weiblichen gerade dann,
wenn es um das Ende der Welt oder des eigenen Lebens
und damit zugleich um dessen mögliche Vollendung geht?
Das Traumbild von dem kosmischen Pfauenrad lässt sich ja
sowohl auf das Ende, vielmehr die Vollendung der Welt wie
auf das Ende beziehungsweise die Vollendung des eigenen
Lebens der Träumerin beziehen. Die *Cauda pavonis*, die
Mandorla sind nicht nur Ganzheitsbilder im Blick auf das
Ende, sondern auch im Blick auf das sich vollendende
Selbst des betreffenden Menschen. Das Traum-Ich jedenfalls spürt entweder noch während des Traumes selbst oder
doch unmittelbar danach, dass Evas Weg, zuletzt deren
Wunsch nach dem nackten Eintauchen ins Wasser, zugleich
den eigenen Weg betrifft: »Ob es zu Evas Schritt kommt,
erlebe ich im Traum nicht mehr; mir wäre es wichtig gewesen, weil ich – vielleicht noch im Traum, sonst unmittelbar
danach – das Gefühl, das Wissen spüre, es gehe um meinen,
nicht Evas Weg.«
    Der Traum ermöglichte der Träumerin, in der Phase des
Alterns und ernster gesundheitlicher Einbrüche eine neue
Einstellung zum »Weltuntergang«, das heißt in diesem Fall
auch zu ihrem eigenen, künftigen Tod zu finden. Sie vermag darin auch eine Perspektive der Vollendung zu erah-

nen. – Die Auseinandersetzung mit der als exaltiert emp-
fundenen Eva spiegelt die Ambivalenz, in der sie sich bis
zuletzt ihrer eigenen Ergriffenheit und Hingabebereitschaft
gegenüber erfährt. Der Traum endet damit, dass Eva in ein
Wasser einzutauchen gedenkt, ob zu einer »Taufe in den
Tod«, muss offen bleiben. Aber das Taufmotiv enthält ja
immer auch die Vorstellung von einem Durchgang durch
eine Art von »Sterben des ›alten Menschen‹«, Taufe meint
einen radikalen Lebensübergang. Natürlich betrifft dieser,
wie das Ich der Träumerin spürt, nicht nur jene Traumfigur
Eva, diesen Anteil von ihr, der zuerst danach verlangt, sondern sie selbst als ganze Person.

Begegnung mit »Schwester Tod«

Eine andere Frau, damals im siebenundfünfzigsten Jahr stehend, die nach der Diagnose von Gallenkrebs nur noch
fünf Monate zu leben hatte, träumte, als sie die Ahnung
ihres nahen Endes nicht mehr vor sich verbergen konnte,
den folgenden Traum, der sie erschütterte und tröstete zugleich:
    Eine dunkle Frau, dunkel in Kleidung, Hautfarbe und
Ausstrahlung, kommt, um sie abzuholen. Die Träumerin
erschrickt zutiefst. Doch da verspürt sie auf einmal etwas
Vertrauenerweckendes in dieser dunklen Frau, etwas Erd-
haftes, Warmes, von dem sie fühlt, dass sie sich ihm anver-
trauen kann.
    Vor allem verwundert und überrascht sie der äußerst far-
benfrohe und abenteuerliche Hut, den diese Frau trägt. »Es
gibt also Farben auch dort, woher diese Frau kommt und
wohin sie mich auch führen wird«, schließt die Träumerin
aus diesem Hut und wagt es nun, ihren Widerstand aufzugeben und sich unter das Geleit dieser Frau zu stellen.

Der Träumerin war nach diesem Traum klar, dass es keinen anderen Ausweg gäbe, als sich dieser dunklen Macht anzuvertrauen, die sie unwiderruflich zum Mitkommen aufforderte. Es war für sie keine Frage, dass ihr in dieser Frau – es war fraglos eine Frau – die »Schwester Tod« begegnete, wie auch Franz von Assisi sie nannte, die nun kam, um sie abzuholen. Als sie wagt, sich auf die zunächst erschreckende Gestalt näher einzulassen, als sie sie anblickt, verändert sich der Eindruck von ihr auf bewegende Weise. Hinter der Dunkelheit ihrer Kleidung, ihrer Haut und ihrer Ausstrahlung wird das Erdverbundene spürbar, das auch zu dieser Frau gehört und das der Träumerin, die sich selber in vielfacher Hinsicht mit der Erde verbunden fühlt, Vertrauen einflößt. Endgültig weicht das Grauen von der Träumerin, als sie den farbenfrohen abenteuerlichen Hut dieser Botin von drüben wahrnimmt. Damit hat sie nicht gerechnet, doch es tröstet sie zutiefst, da sie als Malerin und Batikerin mit Farben vertraut ist und in Farben lebt. Wo Farben sind, da ist für sie Leben in irgendeiner Form. Wenn nun selbst die Todesbotin, die »Schwester Tod«, offenbar Sinn für Farben und sogar für abenteuerliche Hüte hat, dann hat sie etwas von dem, dem die Träumerin sich anzuvertrauen wagt. Dann »stimmt« diese Begegnung für sie, so überraschend und bedrohlich sie zunächst auch in ihr Leben einbrach. Auf diesen Traum hin konnte die Träumerin bemerkenswert gesammelt und jedenfalls frei von Panik in den Sterbeprozess der darauffolgenden Wochen hineingehen, solange sie sich aufrecht halten konnte.

Bescheidung

Das hohe Alter

Heiterkeit, güldene, komm!
FRIEDRICH NIETZSCHE

Im hohen Alter nun, der Spanne zwischen dem 75. und dem 90. Jahr, erfolgt irgendwann der endgültige Rückzug, auch wenn es manchen Menschen vergönnt ist, bis ins 90. Jahr hinein frisch und körperlich so weit beweglich zu bleiben, dass sie Vortragsreisen machen und Treffen früherer Seminarteilnehmerinnen besuchen und mitgestalten können, wie es eine meiner frühesten theologischen Lehrerinnen noch kann.

Für Unwissende sei das Alter wie Winter, meinte Voltaire, für Gelehrte sei es Weinlese und Kelter, und dabei meinte er gewiss nicht Stubengelehrte, sondern eher vom Leben gelehrte Leute. Egoismus und starres Festhalten am sich entziehenden Leben oder aber gelassenes, weises Hingeben des Willens sind die beiden Möglichkeiten, die von alten Menschen oft wechselweise realisiert werden und mit denen die langsame Rückorganisation des Ich-Komplexes auf das Körper-Ich hingenommen wird. Allmählich kann auch der Ich-Komplex an Kontinuität verlieren.

Im Grunde tendiert unser Leben, so scheint es mir immer mehr, auf die Fähigkeit des Sich-hingeben-Könnens hin – an das größere Selbst, das letztlich mit dem Selbst der ganzen Menschheit vernetzt ist, mit der Anima mundi, die das Einzelwesen zuletzt wieder in sich aufnimmt und aufhebt. Zuletzt ist das Sich-Hingeben an den Tod von uns verlangt, der ursprünglich ein Archetyp der Wandlung ist – Wandlung auf eine neue Geburt hin?

In den alten dreiphasigen Gottesbildern, zum Beispiel in der Vorstellung von der dreifachen Göttin im alten Kreta Persephone, Demeter und Hekate, zeigt sich die tiefe Einsicht, dass sie im Laufe des Lebens aufeinander folgen wie im Laufe des Jahres, wo Persephone als die junge Frühlingsgöttin, Demeter als die reife und fruchtbare Mutter in der Mitte des Lebens und Hekate als die greise Herbst- und Todesgöttin erscheint, in deren Schoß sich zugleich die Wandlung zum neuen Frühjahr vollzieht. Vor allem in den weiblichen Gottesvorstellungen ist dieses Prinzip der Wandlung, des Durchgangs von der Jugend zur Reife in das Alter, den Tod und das Wieder-neu-Werden enthalten.

Die Anforderungen des Alters, die sich immer stärker zeigenden Einschränkungen zu bestehen, wird von dem einen Menschen mit einem wütenden: »Seit ich nicht mehr laufen kann, sehe ich nichts mehr von der Welt«, und von einem anderen mit dem staunend-gelassenen Ausspruch: »Seit ich mich nicht mehr bewegen kann, sehe ich die Blumen viel genauer« aufgenommen und angenommen. Und es ist dieses Gelöstsein, das sich in dem zweiten Ausspruch zeigt, das den Altgewordenen auszeichnen kann.

Die Zeit des grauen Königs

Etwas von diesem Gelöstsein spricht aus dem Traum einer 76-Jährigen, in dem sie sich in einer weiten norddeutschen Landschaft vorfindet, ihrer Lieblingslandschaft, die sich unter einem weiten, von hohen Wolkenfeldern durchzogenen Himmel hindehnt. Über allem liegt als Atmosphäre und Stimmung ein lichtes, sanftes Grau. Es ist herbstlich

und doch hell, leicht dunstig. Der graue König habe den
roten abgelöst, heißt es in dem Traum.

Diesen Traum träumt sie nach einer für sie sehr be-
glückenden Spätsommerreise, die sie gemeinsam mit einer
Freundin durch die nördlichen Ebenen von Mecklenburg-
Vorpommern gemacht hat. Natur und Kultur, die romani-
schen Backstein-Kirchen, in denen sie mehrmals, durch
glückliche Zufälle begünstigt, die strenge alte Musik hören
konnte, die sie liebt, bildeten für sie eine Einheit – hinzu
kamen gute menschliche Begegnungen. Über allem lag für
sie, die die leidvolle und schuldbeladene deutsche Geschichte und den Zweiten Weltkrieg, der ihr frühes Erwachsenenalter geprägt hat, sehr bewusst miterlebt und
mitgetragen hatte, ein versöhnliches Licht. Dass wir diese
Gegenden, die zur ehemaligen DDR gehörten, wieder frei
bereisen können, dass wir Kontakt aufnehmen können mit
den Menschen, die hier leben, dass wir – trotz mancher Gegensätze, die aus der Trennungsgeschichte erwuchsen, die
gemeinsame Kultur, die sich in Kirchenbauten und Musik
widerspiegelt, wieder auffinden dürfen, das erlebte sie als
etwas Verbindendes, das tröstet. Dieses Versöhnliche, das
auch ihr eigenes Leben wieder einte, erlebte sie in dem für
sie stimmigen, gedämpften und milden grauen Herbstlicht,
das während der Reise über allem gelegen hatte.

Das jetzt in der Phase des Alters bestimmende und be-
herrschende Prinzip – so deute ich den »König«, von dem
im Traum die Rede ist – ist nun das Graue, das sanft Verbindende, nicht mehr das Rote, das Kämpferische und Lei-
denschaftliche. Das »Rote« würde die Gegensätze und Ge-
genpole des Lebens aufreißen und konfrontieren statt sie
zu versöhnen. Das dominierende Prinzip für diese 76-jähri-
ge Frau ist jetzt das Graue, der graue König, der den roten,
der in den früheren Lebensphasen herrschte, abgelöst hat.

Für die Träumerin ist Grau auch ihre Lieblingsfarbe, eine

vornehm-aparte, dabei zurückhaltende Note sowohl in
ihrer Kleidung als auch in ihrem Wesen, und sie kann sich
jetzt im Alter freier als zuvor dazu bekennen. Sie liebt das
lichte Grau in der Atmosphärenmalerei eines ihrer Lieb-
lingsmaler, Turner, sie liebt es in der Atmosphäre des frühen Herbstes über den norddeutschen Weiten, sie liebt es
als Ausdruck ihrer späten Lebensphase und ganz besonders, nachdem sie über ihren phasenentsprechenden Traum
reflektiert und im Freundeskreis über ihn gesprochen hat.

Das spezifische Altersgefühl

Dass Altwerden auch ein Gewinn, ja ein Glück sein kann,
betont Jakob Grimm[1] in seiner Rede über das Alter, die er
selber in seinem 75. Jahr gehalten hat. Durch alle Wünsche
des Alters hindurch gehe der zentrale Wunsch nach Ruhe.
Selbst körperliche Behinderungen würden durch den Ru-
hewunsch gemildert und ihm zugeordnet. So habe sogar
mögliche Taubheit nach Grimm noch das Gute, dass über-
flüssiges Geschwätz einen nicht mehr unterbreche. Und
das Abnehmen des Sehvermögens wiederum bewirke, dass
viele störende Einzelheiten verschwänden. Grimm erinnert
in diesem Zusammenhang an Teiresias, den blinden Seher.
Sicher ringt Grimm hier mit einigem Humor noch dem
schwer Erträglichen das Positive ab, doch auch Rudolf
Daur, einer der Begründer der Gemeinschaft »Arzt und
Seelsorger«, hat einmal von den »Segnungen des Alters«
gesprochen, als man sich nach einem lauten Abend bei ihm
für die Störung seiner Nachtruhe entschuldigen wollte – er
habe dankenswerterweise gar nichts davon gemerkt.
    Weiter malt Grimm in seiner Rede den Genuss aus, den
ein einsamer Spaziergang gewähren könne, wie denn überhaupt im Alter das Gefühl für die Natur steige. Wenn die

Welt am Abend sich verdunkele, werde das Wasser hell, die
letzte Neige des Lebens gehöre der Beschaulichkeit, in der
vergangenes Leid gemildert, vergangenes Glück windstill
in der Erinnerung erneuert werde. Die Erinnerung, die die
Essenz aus dem Erlebten zieht, ist im Alter stärker als das
Gegenwartsbewusstsein. Die Meißelschläge des Lebens haben – so Grimm – eine Gestalt herausgearbeitet: Wesentliches sei in dieser Gestalt besser denn je sichtbar. »Ein längst
Vergangenes kann im Alter so nahe aussehen wie ferne
Berge, kurz vor dem Regen«, schreibt Ernst Bloch.[2]

Überraschenderweise finden sich bei Ernst Bloch im
»Prinzip Hoffnung« bemerkenswerte Gedanken über das
Alter. Er reflektiert über »das spezifische Altersgefühl«, das
durch die schon vorher durchschrittenen und »eben keineswegs so scharf erlebten Stufenwechsel« doch nur wenig
präpariert und als ein zuvor nicht Bekanntes wahrgenommen werde: »Der Grund liegt im Undeutlichen oder im
nicht genug deutlich Gemachten des Gewinns, den das
Alter bringt, bei allem brutal Negativen, das damit verbunden sein mag.«[3] Auch Altwerden könne ein Wunschbild
enthalten. Für Bloch wären es die Bilder »Überblick und
Ernte«. Im allgemeinen enthielten deshalb die Spätjahre
eines Menschen desto mehr Jugend, und zwar im unko-
pierten Sinne, je mehr Sammlung bereits in seiner Jugend
war; die Lebensabschnitte, also auch die des Alters verlören
damit ihre isolierte Schärfe. »Das gesunde Wunschbild des
Alters und im Alter ist das der durchgeformten Reife; das
Geben ist ihr bequemer als das Nehmen.«[4] Es wird immer
wieder berichtet, dass in der Tat der alte Mensch das Geben
als würdiger empfinde als das Nehmen, obgleich er in der
letzten Phase seines Lebens fast immer darauf angewiesen
ist, auch das Annehmen wieder zu erlernen.

Wie Grimm betont auch Bloch den Wunsch nach Stille
als das Lebensrecht des Alters. Jeder Alte wünsche die Er-

laubnis, vom Leben erschöpft zu sein: »Nicht aber außer
Kurs ist der tüchtige Wunsch, der dem nach Stille so ange-
messene, dass der Leerlauf ringsum aufhöre. Gerade Liebe
zur Stille kann so der kapitalistischen Hetze ferner stehen
als eine Jugend, die die Hetze mit Leben verwechselt.«[5]

Insofern kann im Alter eine zukunftsträchtigere Form
des Menschseins wiedergefunden werden als manchmal in
der Jugend, nämlich der Mensch, der Zeit hat für sich selbst
und für andere. Die Freundinnen, die Freunde, die wirklich
erreichbar sind, sind für mich die Alten. Es ist etwas un-
endlich Wohltuendes, ein Gespräch fortführen zu können,
bis es wirklich erfüllt und ausgeklungen ist; ein Treffen am
Nachmittag zwanglos bis in den Abend hinein ausschwin-
gen lassen zu können. Erreichbar zu sein, präsent, ist die
große Stärke der alten Menschen in unserer Gesellschaft.
»Hier hat das Alter (mit dem die bürgerliche Welt nichts
mehr anfangen kann) das Recht, altertümlich zu sein. Vor-
nehm zu sein, eine Haltung gebend, Worte gebrauchend,
überblickende Blicke sendend, die nicht aus dem jeweiligen
Tag und nicht für ihn sind, Zeiten verkörpernd, worin noch
nicht alles Betrieb war, vor allem: worin er wieder aufhören
wird.«[6] Und Bloch kommt zu dem Fazit: »Wunsch und
Vermögen, ohne gemeine Hast zu sein, das Wichtige zu
sehen, das Unwichtige zu vergessen: dergleichen ist eigentliches Leben im Alter.«[7]

Gewiss ist das Alter und ist das spezifische Lebensgefühl,
das ein Mensch im Alter hat, auch eine Spiegelung des gesellschaftlichen Umfelds, in dem er lebt. Gesellschaften, die
nicht vor jedem Blick auf das Ende zurückschreckten, be-
saßen und sahen im Alter eine »blühende Frucht«, eine sehr
wünschbare und begrüßenswerte: »Denn eine blühende
Gesellschaft fürchtet nicht, wie die untergehende, im Alt-
sein ihr Spiegelbild, sondern begrüßt darin ihre Türmer.«[8]
So gab es in Sparta den Rat der Alten und im noch republi-

kanischen Rom den Senat, in dem die Menschen saßen, die
zwar nicht mehr die Politik zu bestimmen, aber von Fall zu
Fall maßgebend zu beraten hatten.

Es kommt in allen diesen späteren Lebensabschnitten
vor allem darauf an, die narzisstischen Krisen, die dadurch
ausgelöst werden, dass man von so vielem zurücktreten, auf
so vieles verzichten muss, irgendwie zu bestehen, sonst
kommt es zu jener angstvollen Verklammerung mit dem
sich entziehenden Leben, eventuell sogar zu dem Verar-
mungswahn, der im Alter nicht selten ist. Erikson sieht die
Entwicklungskrise dieses Alters in dem Konflikt zwischen
Verzweiflung und Integrität begründet.[9] Verzweiflung
über unwiederbringlich verflossene Zeit, verlorene Instinkte, vermisste Intimität stehe gegen eine neue Fähigkeit zur
Integration, besser »Integralität«, mit der »Tendenz, die
Dinge zusammenzuholen«[10], wozu auch eine »retrospektive Mythologisierung«[11] des eigenen Lebens gehören kann,
eine Erhöhung einzelner besonders intensiv erlebter Ab-
schnitte. Das können besondere Krisenzeiten wie Krieg
und Flucht sein, in der manche über sich hinauswuchsen, es
können neben besonderen Liebes- und Leidenszeiten auch
große Taten in Beruf oder Politik sein; vor allem und in
allem aber sind es die unverwechselbaren Begegnungen:
»Es kommt aber auch zu einer anderen, einer zeitlosen
Liebe zu jenen paar ›Anderen‹, die zu den wichtigsten Ge-
genspielern in den wichtigsten Lebenszusammenhängen
geworden sind.«[12] Letztlich steht diese »Mythologisierung« im Zusammenhang mit einer Sinngebung des eigenen Lebens – es wird in dieser Phase »noch einmal gesammelt, was den Ich-Komplex in seiner Kontinuität ausgemacht hat, was die Quintessenz der Beziehungen war«.[13]

Bewegend ist in diesem Zusammenhang die Äußerung
des 85-jährigen Jung: Er habe die »ängstliche Hoffnung«,
dass die Sinnhaftigkeit überwiegen und den Kampf gewin-

nen möge, den Konflikt zwischen Sinnhaftigkeit und Sinnlosigkeit, die für ihn beide zum Leben gehörten.[14] Hinzu kommt der Traum des alternden Jung von dem Yogi, der, in einer Kapelle sitzend, Jungs Leben meditiert. Der Träumer weiß, dass er in dem Moment sterben wird, in dem der Yogi aus seiner Meditation erwacht: »Als ich ihn näher anschaute, erkannte ich, dass er mein Gesicht hatte. Ich erschrak zutiefst und erwachte mit dem Gedanken: Ach so, das ist der, der mich meditiert. Er hat einen Traum, und das bin ich. Ich wusste, dass wenn er erwacht, ich nicht mehr sein werde.«[15] Hatte nun Jung den Yogi oder der Yogi ihn, Jung und sein ganzes Leben geträumt?

Unmittelbar vor dem Tod ist eine Zurückorganisation auf das Körper-Ich zu beobachten, aus dem der Ich-Komplex des kleinen Kindes einmal erwachsen ist. In dieser Phase spätestens ist der Mensch aufgefordert, wieder abhängig werden zu können, und er soll offenbar die »Kunst, abhängig zu sein«[16] wieder lernen. Hier ist es wichtig, dass begleitende Personen durch Berühren und liebevolles Dabeisein mit diesem Körper-Ich Kontakt zu halten vermögen. Aber auch in diesem hohen Alter ist der Archetyp des Kindes und letztlich der des weisen Narren[17] konstelliert, der seine Freiheit hat und wahrnimmt. Wir sollten die Alten, auch wenn das gut gemeint ist, nicht mehr in soziale Zwecke einspannen, in denen wir ihnen zum Beispiel künstlich Aufgaben zu verschaffen suchen, sondern sie wirklich in die Freiheit entlassen, die wir uns wohl auch für uns selbst wünschen, wenn wir einmal in diesem Alter sind. Eine fast 90-Jährige Frau starb mit dem Traum, es seien zahlreiche junge Kälbchen und Fohlen im Stall, die ungeduldig in die Freiheit drängten.

Zusammenschau

Wenn ich zusammenfassend noch einmal einen Überblick über die wichtigsten Übergangsphasen unseres Lebens in den jeweiligen Entwicklungsphasen zu geben suche, soll das nicht bedeuten, dass dies jetzt die Idealtypik eines Lebensverlaufes darstellt, demgemäß wir leben müssten, sondern es deutet sich darin nur das Tröstliche an, dass unser Leben wirklich einer weiträumigen Wanderkarte, einem Fahrplan folgt, der anzeigt, was eigentlich in der jeweiligen Phase möglich ist und angelegt wäre. Trotzdem muss jeder von uns «zu Fuß», wie es in etlichen Träumen heißt, seine individuellen Lebensphasen ausschreiten. Von Lebensphase zu Lebensphase sind, wie wir sahen, Schwellen zu überschreiten, Opfer zu bringen, die uns letztlich frei machen wollen für Neues. Immer wieder sind Übergänge zu bestehen, zu denen wir vor allem Zeit brauchen, Zeit für uns selbst, um sie zu verarbeiten.

Der Ich-Komplex wird, wie wir bei seiner entwicklungspsychologischen Betrachtung sahen, im Laufe der Lebensphasen immer bewusster. Seine Entwicklung erfolgt dabei spontan und autonom, auch wenn er bei der Bewältigung der Lebensübergänge und der jeweils neuen Entwicklungsstufen der emotionalen Bestätigung von außen bedarf. Die Entwicklungsimpulse, die nach Jungs Sicht jeweils vom Selbst an das Ich herangetragen werden, können von ihm jeweils integriert werden, weil die Beziehung zwischen Ich und Selbst so beschaffen ist, dass es sich als durchlässig für solche Impulse und die entsprechenden Entwicklungen erweist. Andererseits gehen die Anstöße zur Wandlung auch immer wieder vom sich verändernden Körper aus.

Welches sind nun, zusammenfassend betrachtet, die jeweils wichtigsten Entwicklungsimpulse, die das Selbst im Laufe der Lebensjahrzehnte an den Menschen, an das Ich heranträgt? Ich beschränke mich hier auf die bisher zu selten beachteten Impulse für den Erwachsenen ab dreißig:

Bei der Überschreitung der Dreißiger-Schwelle kommt es darauf an, die Experimentierphase der Adoleszenz hinter sich zu lassen. Zum ersten Mal einigermaßen abgelöst vom Vater- und Mutterkomplex sich selber zu erfahren, sich ins Leben einzulassen, um sich selber künftig als väterlich und mütterlich zu erleben, was mit eigenen Kindern, aber auch ohne sie möglich ist. Das Thema heißt Verbindlichkeit und Verwirklichung. Dabei gilt: Wer die Dreißiger-Schwelle nicht schafft, für den kann die Vierziger-Schwelle doppelt schwierig werden. Es gilt, in diesem Leben eine Spur zu legen, an der wir und andere uns unverwechselbar erkennen. Sonst blieben wir auswechselbar.

Bei der Überschreitung der Vierziger-Schwelle vollzieht sich zugleich die Überschreitung der Lebensmitte: Es wird bewusst, dass wir jeweils nur noch die zweite Hälfte unseres Lebens vor uns, aber auch erst die eine Hälfte des uns Möglichen gelebt haben. Falls wir phasenentsprechend leben konnten, wozu auch die Findung eines Arbeitsplatzes gehört, das Eingehen einer verbindlichen Beziehung, sind wir mit vierzig zwar etabliert, integriert, perfektioniert in unserem Fach, haben ein gewisses Ansehen und Erfolg, doch nun stehen wir vor der grundsätzlicheren Frage: Was soll das alles letztlich? Mit der Überschreitung der Vierziger-Schwelle setzt eine Phase der Umkehr ein, eine Ernüchterung, die erneute Selbstkonfrontation und Auseinandersetzung mit der bilanzierenden Frage bedeutet: Was ist erfüllt, was ist nicht erfüllt in meinem Leben? Indem ich Begrenzungen meiner selbst wahrnehme, das Mögliche realistisch einschätze, erhebt sich das Problem: Was fange ich

mit dem noch vor mir liegenden Teil meines Lebens an und
vor allem mit dem, was von meiner bisherigen Identität geblieben ist? Für die Frau bedeutet diese Phase zugleich Ablösung von einem Körper, der empfängnis- und gebärfähig
war, der »Reproduktion« erlaubte, und verlangt, eine neue
Identität als Frau zu suchen und zu finden, sich auch in
einer überpersönlichen Weiblichkeit zu verankern. Die
Entwicklungsaufgabe für beide Geschlechter besteht in der
Entscheidung, Generativität zu entwickeln, statt im Neid
auf die Jüngeren und in der Selbstabsorbation steckenzubleiben, und dabei die Ablösung der Kinder beziehungsweise der Schüler und Studenten und zugleich das Altwerden der Eltern zu bestehen, also eine doppelte Ablösung zu
vollziehen. Für dies alles ist die Zeit zwischen vierzig und
fünfzig zugleich noch wie eine Übungsphase, während es
zwischen fünfzig und sechzig ernst damit wird.

Beim Überschreiten der Fünfziger-Schwelle geht es um
das Einwilligen in die nötigen Umwertungen, die die sichtbar werdenden bio-psycho-sozialen Einschränkungen mit
sich bringen. Es bedeutet, den langsamen, aber unaufhalt-
samen Alterungsprozess zu akzeptieren. Ein Bedenken der
Situation auf das hin beginnt, wofür man sich noch oder
wofür man sich gerade jetzt und erst recht einsetzen will.
Eine Auswahl wird getroffen, Prioritäten werden gesetzt
und ein gezielterer Einsatz der Kräfte wird versucht. Dieses Alter bedeutet die große Krise, aber auch die letzte
Chance, den Narzissmus, die Eitelkeit, die egozentrische
Selbstliebe zu bewältigen: Das biologische Alter gibt die
Chance, sich die Begrenzungen objektiver einzugestehen
als bisher, sich in den gegebenen Grenzen besser einzurichten, zumal man sie jetzt mit allen anderen Altersgenossen
teilt. Es kann so endlich zu einem Einverständnis mit den
Werde-Bedingungen des Lebens und damit auch mit dem
eigenen Gewordensein kommen.

Jenseits der Sechziger-Schwelle eröffnen sich für diejenigen, die ihren Narzissmus einigermaßen bewältigt haben,
neue Freiheiten, das zu tun, was sie schon immer tun wollten und was jetzt vor allem ansteht. Im Sinne der Alten
Weisen, des Alten Weisen nimmt man nur noch punktuell
Einfluss auf das öffentliche Leben, das Leben der Jüngeren
und überlegt von Fall zu Fall um so genauer und bewusster,
wo man andere Menschen oder auch wo man eine Sache
mit auf den Weg bringen will.

Das Leben erwartet von uns offenbar eine Überwindung
des Narzissmus und des Egoismus, ein schrittweises Auf-
gehen in einem uneigennützigen Dienst am größeren
Ganzen, die Bescheidung, die der Alterungsprozess mit
sich bringt, und schließlich die Einwilligung in den individuellen Tod, in das Sterben des Individuums, das man geworden ist.

Die Phasen des Lebens aber, die Lebensübergänge, die
gerade für uns selber dran sind, zu erkennen, dazu helfen
uns wie wenig anderes die Träume. Uns in sie zu vertiefen
bedeutet, die fälligen Übergänge ernstzunehmen und sie innerlich und symbolisch auszuschreiten. Was das Leben von
Stufe zu Stufe wachsend von uns will und fordert, ist offensichtlich die Überwindung der engherzigen Egozentrik
durch eine Öffnung in das größere Ganze der Mitwelt und
der Innenwelt hinein, das uns umfaßt und trägt und
schließlich die Bereitschaft ermöglicht, in dieses größere
Ganze hinein aufzugehen, wozu schließlich auch das Sterben gehört.

Letztlich geht es in all den großen Lebensübergängen
darum, die Ars moriendi, die Kunst des Sterbens wieder zu
erlernen, die unsere Vorfahren als die eigentliche Lebens-
kunst betrachteten, loszulassen in die großen Verwandlun-
gen hinein – im Vertrauen auf die Übergänge, die das Leben
selbst uns zumutet und auch schenkt.

Anmerkungen

Der Lebensfahrplan
1. Riedel, Die verlassene Mutter (Demeters Suche), S. 154 f.
2. C. G. Jung (1916), S. 273 f.
3. Lehr, Das Symbol der Brücke, S. 297-311

Träume als Wegweiser
1. Vgl. Riedel, Auszug und Neubeginn als archetypische Motive, in: Pflüger, Abschiedlich leben, S. 216-221
2. Jungs Auffassung von Träumen bereits im »Kindertraumseminar«(unveröffentlichtes Manuskript) S. 1-31, und Jung (1936ff.), Seminare – Kinderträume, Olten-Freiburg 1987, sowie Jung (1916), Allgemeine Gesichtspunkte zur Psychologie des Traumes, GW VIII, Olten-Freiburg, S.263-308; vgl. auch Jung (1945) GW 8, S. 306-327 und Jung (1947) GW 16, S. 148-171
3. C.G. Jung (1916), S. 273 f. und Kindertraumseminar, S. 5
4. Vgl. Ingrid Riedel, Wandlungen der schwarzen Frau, in: Pflüger (Hrsg.), Erde-Frau-Gott, S. 110-112

Die Lebensphasen
1. Erikson, Der vollständige Lebenszyklus (1988), Frankfurt, zusammenfassende Tabellen vor allem Seite 70 f. und S. 36 f.; und: Identität und Lebenszyklus (1966), Frankfurt, S. 55-122 (Wachstum und Krisen der gesunden Persönlichkeit)
2. Guardini, Die Lebensalter, Topos-Taschenbuch, Mainz 1986, S. 50 ff.
3. C. G. Jung in GW IX / I, Zur Empirie des Individuationsprozesses; vgl. auch Riedel, Ingrid, Der Individuationsprozeß in: »Du«, Die Zeitschrift der Kultur, August 1995, S. 50-57
4. Kast, Paare, S. 158-176
5. Kast, Dynamik der Symbole, S. 74 f.

Erwartung – Adoleszenz
1. Vgl.Kast, Traumbild Wüste, S. 75
2. Erikson, Der vollständige Lebenszyklus, S. 96, S. 70 ff., S. 76 f.
3. Kast, Paare, S. 158-176
4. Erikson, Der vollständige Lebenszyklus, S. 98
5. Erdheim, Adoleszenz zwischen Familie und Kultur, S. 29: »Diese Begierde findet auch Unterstützung durch die sexuellen Impulse, die das Individuum auf der Suche nach neuen Liebesobjekten treiben. Dieser Aspekt der Adoleszenz ist die Bedingung der Möglich-

keit dafür, daß die Adoleszenz die zweite Chance in der Entwicklung des Individuums bieten kann.«

Verwirklichung – das frühe Erwachsenenalter

1. Kast, Traumbild Auto, S. 30 f.
2. Riedel, Traumbild Fuchs, S. 75 f.
3. Riedel, Farben, S. 84 f.
4. Bachmann, Werke, Bd. 2, S. 94 ff.
5. Kast, Luftträume in: Riedel, Die vier Elemente im Traum, S. 58
6. Rieß, Feuerträume in: Riedel, Die vier Elemente im Traum, S. 231f.
7. C. G. Jung, Die Psychologie der Übertragung, in GW XVI, § 454
8. Vgl. Kast, Das Paar – Mythos und Wirklichkeit, S. 13
9. C. G. Jung, Mysterium Conjunctionis, GW XIV / II, Olten und Freiburg
10. Riedel, Traumbild Fuchs, S. 30 f.

Ernüchterung – das mittlere Erwachsenenalter

1. Kast,Luftträume in: Riedel, Die vier Elemente im Traum, S. 42
2. C.G. Jung, Symbole der Wandlung (1977, 2. Aufl.), S. 376 f.
3. Kast, Traumbild Wüste, S. 82
4. Ebd., S. 86
5. Ebd., S. 56
6. Kast (1986), Sisyphos – Der alte Stein, der neue Weg, S. 93ff.
7. Guardini, Die Lebensalter, S. 50
8. Perera, Der Weg zur Göttin der Tiefe, S.11-13; die einzelnen Texte des Mythus bei Kramer/Wollstein, Inanna, Queen of Haeven and Earth, New York 1983, passim
9. Vgl. einen ähnlichen Traum bei Kast, Luftträume in: Riedel, Die vier Elemente im Traum, S. 34
10. Ein ähnlicher Traum in: Traumbild Luft, S. 33/34
11 Ina Seidel,1955, Gedichte
12. Ingeborg Bachmann, Werke, Bd. 1, S. 167
13. Kast, Das Paar – Mythos und Wirklichkeit, (1988) S. 21
14. Ebd., S. 22
15. Ebd.
16. Erikson, Der vollständige Lebenszyklus, S. 80/81; Identität und Lebenszyklus, S. 117 ff.
17. vgl. Kast, Luftträume, S.80
18. Erikson, Der vollständige Lebenszyklus, S. 81 f.; Identität und Lebenszyklus, S. 117 f.
19. Erikson, Der vollständige Lebenszyklus, S. 87 f.
20. Steffen, Jona und der Fisch, S. 53
21. Jungs Kommentar zur Nachtmeerfahrt, zit. bei Steffen, S. 19; vgl. C. G. Jung, Symbole der Wandlung, Freiburg 1977 2. Aufl., S. 376ff

22. Zit. bei Steffen, S. 51 u. 55, bei C. G. Jung, Symbole der Wandlung (1977, 2. Aufl.), S. 422 f.
23. Zit. bei Steffen, S. 55, vgl. auch bei Jung, Symbole der Wandlung, S. 422 f.
24. Zit. bei Steffen, S. 51 f., bei Eliade, S. 315
25. Eliade (1977), Mythen, Träume und Mysterien, Salzburg, S. 315
26. Grof, Topographie des Unbewußten, Stuttgart 1928, passim, zit. bei Steffen, S. 77f.
27. Erikson, Identität und Lebenszyklus, S. 118
28. Erikson, Identität und Lebenszyklus, S. 118 f.
29. Erikson, Der vollständige Lebenszyklus, S. 85/86: »... kommt der Geist des Erwachsenenalters zum Ausdruck, den die Hindus ›die Aufrechterhaltung der Welt‹ nennen.«

Einverständnis – das spätere Erwachsenenalter

1. Kast, Traumbild Auto, S. 93 f.
2. Schönfelder, Der Lebensübergang ins Alter, S. 104
3. Kast, Traumbild Auto S. 38 f.
4. Buber, S. 17 f.
5. Erikson, Einsicht und Verantwortung, S. 117: »Weisheit also ist distanziertes Befasstsein mit dem Leben selbst, angesichts des Todes selbst.«
6. Kast, Trauern, S. 50 ff.
7. Vgl. in Riedel, Hildegard von Bingen – Prophetin der kosmischen Weisheit (1994), Stuttgart: Zu der Vision 1,2 in Hildegards Kosmosschrift: Liber divinorum operum, S. 117-128

Bescheidung – das hohe Alter

1. Grimm, Jakob, zit. bei Bloch, S. 39
2. Bloch, S. 39
3. Bloch, S. 41
4. Bloch, S. 41
5. Ebd.
6. Ebd.
7. Ebd.
8. Ebd.
9. Erikson, Der vollständige Lebenszyklus, S. 78 f., S. 83 f.
10. Erikson, Der vollständige Lebenszyklus, S. 84
11. Ebd.
12. Ebd., S. 85
13. Kast, Dynamik der Symbole, S. 84
14. C. G. Jung, Gedanken, Träume, Erinnerungen, S. 359 f.
15. C. G. Jung, Gedanken, Träume, Erinnerungen, S. 326: »Auf einer kleinen Straße ging ich durch eine hügelige Landschaft, die Sonne

schien, und ich hatte einen weiten Ausblick ringsum. Da kam ich an eine kleine Wegkapelle. Die Tür war angelehnt, und ich ging hinein. Zu meinem Erstaunen befand sich auf dem Altar kein Muttergottesbild und auch kein Crucifix, sondern ein Arrangement von herrlichen Blumen. Dann aber sah ich, daß vor dem Altar, auf dem Boden, mir zugewandt, ein Yogin saß – im Lotus-Sitz und in tiefer Versenkung. Als ich ihn näher anschaute, erkannte ich, daß er mein Gesicht hatte. Ich erschrak zutiefst und erwachte mit dem Gedanken: Ach so, das ist der, der mich meditiert. Er hat einen Traum, und das bin ich. Ich wusste, dass wenn er erwacht, ich nicht mehr sein werde.«

16. Riedel, Die Kunst der Abhängigkeit, in: Lindauer Texte, hrsg. von P. Buchheim, M. Czierpka, Th. Seifert, Psychotherapie im Wandel – Abhängigkeit, Heidelberg 1991, S. 197-211
17. Guggenbühl-Craig, Adolf, Die närrischen Alten, S. 97, S. 104 u. a.

Literaturverzeichnis

Bachmann, Ingeborg, Werke, 3 Bände (1978 ff.), hrsg. von C. Koschel, I. von Weidenbaum, C. Münster, München
Bernauer, Ursula (1995), Die schöne Dame von Lourdes, Geschichte und Geschehen tiefenpsychologisch gedeutet, Freiburg (Herder)
Bloch, Ernst (1959), Das Prinzip Hoffnung, Frankfurt
Buber Martin (1993, 10. Aufl.), Der Weg des Menschen nach der chassidischen Lehre, Gerlingen
Celan, Paul (1963), Die Niemandsrose, Frankfurt
ders. (1981), Gedichte, Bd. 1, Frankfurt
Dieckmann, Hans (1972), Träume als Sprache der Seele, Stuttgart
Egner, Helga, Hrsg. (1995), Lebensübergänge oder der Aufenthalt im Werden, Zürich
Erdheim, Mario (1988), Adoleszenz zwischen Familie und Kultur, in: Erdheim, Mario (1988), Die Psychoanalyse und das Unbewußte in der Kultur, Frankfurt
Erikson, Erik (1950), Die acht Phasen des Menschen in: Erik Erikson (1984, 9. Aufl.), Kindheit und Gesellschaft, New York und Stuttgart
Erikson, Erik (1959), Identity and lifecircle, New York
Erikson, Erik (1988), Der vollständige Lebenszyklus, Frankfurt
Eliade, Mircea (1961), Mythen, Träume und Mysterien, Salzburg
Frobenius, Leo (1904), Das Zeitalter des Sonnengottes, Berlin

GROF, STANISLAV (1978), Topographie des Unbewußten, Stuttgart

GUARDINI, ROMANO (1953), Die Lebensalter, Würzburg (Neuauflage Topos-Taschenbuch, Mainz)

GUGGENBÜHL-CRAIG, ADOLF (1986), Die närrischen Alten, Zürich (Raben-Reihe)

JUNG, CARL GUSTAV (1916), Allgemeine Gesichtspunkte zur Psychologie des Traumes, in GW Bd. VIII (1982, Olten-Freiburg, S. 263-308)

JUNG, C. G. (1936 ff.), Seminare. Kinderträume. Hrsg. von L. Jung, M. Meyer-Grass,Olten-Freiburg (1987)

JUNG, C. G. (1945), Vom Wesen der Träume, in GW Bd. VIII (1982, Olten-Freiburg, S. 309-327)

JUNG, C. G. (1947), Die praktische Verwendbarkeit der Traumanalyse, in GW Bd. XVI   (1984, Olten-Freiburg, S. 148-171)

JUNG, C. G. (1940), Zur Psychologie des Kind-Archetypus, in GW Bd. IX / I (1960)

Jung, C. G. (1954), Zur Empirie des Individuationsprozesses, in GW IX / I (1960)

JUNG, C. G. (1957), Praxis der Psychotherapie, in GW XVI (1971)

JUNG, C. G. (1992), Aion. Beiträge zur Symbolik des Selbst, in GW IX / II (1983)

JUNG, C. G. (1990), Mysterium Conjunctionis, in GW XIV / II (1984, alle Olten-Freiburg)

JUNG, C. G. (1963), Erinnerungen, Träume, Gedanken von C. G. Jung, Aufgezeichnet und herausgegeben von Aniela Jaffé. Zürich-Stuttgart 1963

JUNG, C. G. U. A. (1979), Der Mensch und seine Symbole, Olten-Freiburg

KAST, VERENA (1982), Trauern. Phasen und Chancen des psychischen Prozesses, Stuttgart

KAST, VERENA (1986), Traumbild Wüste, Walter Verlag, Olten u. Freiburg

KAST, VERENA (1987), Traumbild Auto, Walter Verlag, Olten u. Freiburg

KAST, VERENA (1994), Luftträume in: Riedel, I. (Hrsg.) Die vier Elemente im Traum, Walter Verlag, Solorthurn

KAST, VERENA (1984), Paare. Wie Götter sich in Menschen spiegeln, Stuttgart

KAST, VERENA (1988), Das Paar. Mythos und Wirklichkeit, in: Pflüger, P. M., Hrsg., Neue Werte in Liebe und Partnerschaft, Olten

KAST, VERENA (1986), Sisyphos. Der alte Stein, der neue Weg, Zürich

KAST, VERENA (1990), Die Dynamik der Symbole. Grundlagen der Jungschen Psychotherapie, Olten

KAST, VERENA (1995), Die Nixe im Teich. Gefahr und Chance erotischer Leidenschaft, Zürich

KRAPPMANN, LOTHAR (1969, 1993 8. Aufl.), Soziologische Dimensionen der Identität. Stuttgart

LEHR, ELEONORE (1984), Die Brücke. Symbolik und Bedeutung, in: Zeitschrift für Analytische Psychologie (1984, 25, S. 297-311)

LIDZ, THEODOR (1970), Das menschliche Leben. Die Entwicklung der Persönlichkeit im Lebenszyklus, Frankfurt

MAHLER, MARGRET (1972), Symbiose und Individuation. Bd. I, Stuttgart

PERERA, SYLVIA-BRINTON (1985), Der Weg zur Göttin der Tiefe, Interlaken

PFLÜGER, PETER MICHAEL, Hrsg. (1988), Das Paar – Mythos und Wirklichkeit. Neue Werte in Liebe und Sexualität, Olten

PFLÜGER, PETER MICHAEL, Hrsg. (1987), Wendepunkte: Erde – Frau – Gott, Olten

PFLÜGER, PETER MICHAEL, Hrsg. (1991), Abschiedlich leben, Olten

RIEDEL, INGRID (1983), Farben, Stuttgart

RIEDEL, INGRID (1986), Traumbild Fuchs, Walter Verlag, Olten

RIEDEL, INGRID (1986/1995), Demeters Suche. Mütter und Töchter, Zürich; Neuausgabe: Die verlassene Mutter, Zürich

RIEDEL, INGRID, Hrsg. (1994), Die vier Elemente im Traum, Solothurn

RIEDEL, INGRID (1991), Auszug und Neubeginn als archetypische Motive in: P. M. Pflüger, Hrsg., Abschiedlich leben, Stuttgart, S. 216-237

RIEDEL, INGRID (1991), Wandlungen der schwarzen Frau, in: Pflüger, P. M. (Hrsg.), Wendepunkte: Erde – Frau – Gott, Olten

RIEDEL, INGRID (1994), Hildegard von Bingen – Prophetin der kosmischen Weisheit, Stuttgart (Kreuz)

RIEDEL, INGRID (1995), Die weise Frau in uralt neuen Erfahrungen, Walter Verlag, Solothurn und Düsseldorf

RIESS, GISELA (1986), Traumbild Feuer, Olten, Diess.(1994), Feuerträume in: Riedel, I. (Hrsg.), Die vier Elemente im Traum, Walter Verlag, Solothurn

SEIDEL, INA, 1955, Gedichte, Stuttgart

STEFFEN, UWE (1982), Jona und der Fisch. Der Mythos von Tod und Wiedergeburt, Stuttgart–Berlin

STERN, DANIEL (1992), Die Lebenserfahrung des Säuglings, Stuttgart

SCHÖNFELDER, THEA (1995), Der Lebensübergang ins Alter, in: Egner, H., Hrsg. (1995), Lebensübergänge oder der Aufenthalt im Werden, Solothurn, S. 97-113

WOLKSTEIN, DIANA, mit Kramer, Samuel Noah (1983), Inanna. Qeen of heaven and earth, New York

Die Deutsche Bibliothek – CIP-Einheitsaufnahme

Riedel, Ingrid:
Träume : Wegweiser in neue Lebensphasen / Ingrid Riedel. –
Stuttgart : Kreuz, 1997
  ISBN 3-7831-1516-7

1 2 3 4 5   01 00 99 98 97

© Dieter Breitsohl AG
Literarische Agentur Zürich 1997
Alle deutschsprachigen Rechte beim Kreuz Verlag Stuttgart
Postfach 80 06 69, 70506 Stuttgart, Tel. 0711 - 78 80 30
Umschlaggestaltung: Jürgen Reichert, Stuttgart
Umschlagbild: Peter Birkhäuser, Puer, aus: Licht aus dem Dunkel. Die
Malerei von Peter Birkhäuser, © 1980. Mit freundlicher Genehmigung
des Birkhäuser Verlages Basel
Gesamtherstellung: W. Röck, Weinsberg
ISBN 3 7831 1516 7